结婚是为了幸福，离婚也是

民法典下恋爱婚姻财产争议指南

史文婷 ◎ 著

中国法制出版社
CHINA LEGAL PUBLISHING HOUSE

推荐序

民法典时代来了，关于年轻人结婚离婚的新困惑也来了。该怎么办？

我要告诉你的答案是，执业律师提供的办法已经来了。史文婷律师最新推出的这部潜心之作，就是律师提供的解惑解忧解难之办法。

通过阅读，我认为，这本书将带我们发现一条新路径，找到一种新办法。这既是一部聚焦人生大事问题的新作，也是一部分析婚姻家庭课题的大作，更是一部解决婚姻家事难题的力作。

作为北京市大道政通律师事务所的合伙人，从法官转换"频道"以来，史文婷律师始终将主要业务方向定为婚姻家事领域、强制执行领域。据了解，史文婷律师代理过多起有重大影响的离婚案件，尤为擅长婚姻家庭领域理论及实务研究。因其曾在北京法院系统工作多年，所以史文婷律师的办案经验既有律师的视角，更有法官的视野。

从总体上来看，法律知识丰富，法律思维严密，法律逻辑严谨，正是史文婷律师多年来形成的职业特点。尤其值得一提的是，史文婷律师在工作生涯中始终保持着勤于写作、善于思考的职业习惯。

展现在各位读者面前的这部作品，正是史文婷律师多年来从事婚姻家庭领域的心得和研究成果。本书以时间为轴，从婚前规划、婚姻中的风险控制、离婚房产分割的重点及难点、创业夫妻法律风险、离婚必读、诉讼离婚指南以及再婚的幸福七大领域出发，围绕《民法典》及其司法解释的规定，结合近期热点案例，对婚姻中的法律问题进行了生动而专业的解读。

毋庸讳言，婚姻家事领域的案件有其特殊性。其特殊性不仅在于法律条文数量不多，更在于各类案件形态纷繁复杂。单从法律条文的数量上说，《民法典》婚姻家庭编共5章79条。看起来，法条数量并不多，但近些年离婚案件的复杂程度却在不断增加。随着家庭财富的积累，离婚案件不仅仅是以往的房产、车辆、存款等几种简单形态的财产分割，更是伴随着股权、信托、保险、跨境资产等财产的处理。换句话说，许多复杂离婚案件的处理需要律师具有《公司法》[①]、《保险法》、《民法典》合同编及物权编多个领域的知识背景。也就是说，作为婚姻家事律师，既需要面对民法问题，也需要应对商法难题。由此可见，每一位律师在婚姻家庭这一领域的专业化积累至关重要。从法官到律师的人生转型，让史文婷律师正好具备了不同视角、不同专业的跨越与完善。

在我看来，人人都有必要了解婚姻中的法律知识。这本书不仅是一本法律书籍，更像是一位律师姐姐向大家分享如何用法律人的智慧来解决婚姻中的问题。

祝愿史文婷律师在婚姻家事领域的研究能够取得更大的成绩，更祝愿史文婷律师推出更多的佳作！

是以为序。

刘桂明

2023年6月29日

[①] 编者注：本书中所用法律文件名称省略了"中华人民共和国"。

序 言

相爱容易相守难。随着社会的高速发展，传统"从一而终"的婚姻观念正在悄然发生改变，在诉讼中最直接的体现便是法院受理离婚相关的案件越来越多。当多年婚姻走到尽头，曾经相爱的人对簿公堂，有些人会懊悔地说：如果我在结婚前知道这些法律规定就好了，这样就能保住父母在给我买房时出的首付。如果多学习一些法律知识，我就不会在离婚的时候背负巨额的夫妻共同债务。

曾经相爱的人在感情逝去时仍能坦诚相待、好聚好散，这无疑算得上是一种幸运，彼此保留了最后的体面，但是现实生活不是童话故事，离婚时的双方往往会对婚姻中的得失锱铢必较。一段婚姻杂糅了爱情、亲情以及财力投入、人力投入、情感投入等诸多因素，当事人无法厘清这笔婚姻账，计算个人得失更是无从谈起。不过，法律为纠纷的解决提供了路径。比如，针对父母为子女购房出资的性质以及归属问题，法律试图在复杂的利益关系中寻求平衡，对双方共同财产尽可能予以公平分割。

作为一名婚姻家事法方向的律师，我深刻感受到，日常生活中大家对于《民法典》相关法律规定的关注，尤其是其中与房产相关的法律问题，大家最为关心。因此，我按照婚前、婚后、离婚、再婚的顺序，梳理与之相关的法律知识，如果这本书的内容能够带给您些许启发或帮助，我将感到不胜欣喜。

每个人都渴望维持一段长久的亲密关系，但并非所有的亲密关系都能圆满长久。当您拿起这本书准备翻阅时，是否意味着我们给婚姻预设了一个惨淡结局呢？我想并不是这样，但其提供了一种更为理性的视角，正如老舍先生在《离婚》一书中所说，生命也许就是这样，多一分经验便少一分幻想，以实际的愉快平衡现实的痛苦。

史文婷

2023 年 7 月 9 日

目录
CONTENTS

第一篇

好的开始是幸福
婚姻的保障

第一章　婚前财产规划

第一节　婚前财产规划的重要性

关于婚前财产，法律规定得非常明确，婚前财产在婚后依然是个人财产，不属于夫妻共同财产。《民法典》第一千零六十三条规定："下列财产为夫妻一方的个人财产：（一）一方的婚前财产……"

但如何证明婚前个人财产是你的婚前个人财产是一个难题。比如，你在婚前银行卡上有10万元存款，但是婚后这张卡上每月依然有工资进账，家里买菜、买衣服的钱也从这张卡上支出，过了十年，余额还有10万元，你能说这10万元就是你的婚前个人财产吗？再如，你婚前有一套自己全款购买的房子，没有贷款。你买房的时机刚刚好，150万元全款购买。婚后有了宝宝，小房子住不下，你卖掉这套婚前房产，和对方一起购置一套大房子。婚后你的这套房卖出了350万元的高价，那你的婚前个人财产是150万元，还是350万元呢？

说到这里，你就能明白，尽管法律明明白白地规定了婚前财产不因为结婚而转化为夫妻共同财产，但是由于大多数人结婚之初没有保留证据的意识，再加上夫妻之间财产容易发生混同，导致离婚时想要再证明自己的婚前出资是非常困难的。

下面我将通过几个案例具体说明因无法证明财产属于自己的婚前财产而产生的后果。

（1）关于婚前住房补贴和存款在婚后混同[①]

李明的银行卡余额中包含了婚后补发的，其婚前应得的住房补贴42753.4元、李明婚前银行存款余额68636.94元。一审法院在分割夫妻共同财产时，没有将上述两笔婚前个人财产予以剔除，因此李明提起上诉。

二审法院认为，婚前财产余额和婚后补发的婚前获得的房屋补贴已与婚后共同财产混同并用于夫妻共同生活消费，双方对于账户余额的分割业已协商一致，视为李明自行处分财产，维持一审判决。

（2）关于婚前房产婚后出售用于换房的判例

小明与小红恋爱后于2008年12月登记结婚。结婚前，小明以382500元的价款全款购买房屋一套。结婚后第二年，小明以450000元的价款将上述房屋出售。2009年12月1日，小明以403000元的价款全款购买房屋2一套。2009年12月30日，小明以445000元的价款将上述房屋2出售。2010年2月23日，小明以720000元的价款贷款（其中首付为270000元、贷款为450000元）购买房屋3一套。2012年7月15日，小明以1000000元的价款将上述房屋3出售。小红于2014年起诉至法院，要求与小明离婚。

离婚时，小红认为小明出售房屋的增值部分属于买卖房屋投资盈利所得，属于夫妻共同财产，小红有权分割一半款项；而小明认为售房款系其个人婚前房产演变转化而来，升值系自然升值，故仍应为其个人财产，小红无权分割。

对于双方的争议，法院支持了小红的主张。根据当时适用的《最高人民法院关于适用〈中华人民共和国婚姻法〉若干问题的解释（三）》第五条规定："夫妻一方个人财产在婚后产生的收益，除孳息和自然增值外，应认定为夫妻共同财产。"法院认为，小明婚前购买的房屋系其个人财产，但小明婚后将房屋出售，又再次买卖其他房产产生的收益，应认定为夫妻共同财产。尽管这一案例是2015年作出的，但《最高人民法院关于适用〈中华人民共和国

---

① 本书案例中人名均为化名。

民法典〉婚姻家庭编的解释（一）》对此作出的规定和《最高人民法院关于适用〈中华人民共和国婚姻法〉若干问题的解释（三）》保持一致。《最高人民法院关于适用〈中华人民共和国民法典〉婚姻家庭编的解释（一）》第二十六条规定："夫妻一方个人财产在婚后产生的收益，除孳息和自然增值外，应认定为夫妻共同财产。"因此，这一案例依然具有参考价值。

通过上述两个案例，可以清晰地看出，想要证明婚前个人财产是婚前个人财产，并没有想象中那么容易，需要当事人在婚前就有规划的意识，否则容易错过最佳时机。如何进行婚前个人财产规划，参见本章第六节。

第二节 婚前财产协议要不要签

随着影视剧、普法视频的宣传，越来越多的人开始认识到签订婚前财产协议的重要性。在我经手的咨询案例中，与婚前财产协议有关的也越来越多。一些客户，一方面想通过签订婚前财产协议，防止有一天感情出现变化，从而引发财产纠纷；另一方面又担心影响感情，因此希望律师给出建议到底要不要签订婚前财产协议。

其实签订婚前财产协议，并不代表主动提出的一方就是不爱对方，更不意味着自己对婚姻是有算计的。签订婚前财产协议代表双方以契约的形式选择财产归各自所有、共同所有或者部分各自所有、部分共同所有的财产制形式，而不再适用法定财产制来僵化地处理双方的财产。双方既可以在结婚之前作出约定，也可以在结婚后作出约定。根据民法的意思自治原则，除约定财产所有权外，夫妻双方还可以就财产的使用权、管理权、收益权、处分权等进行约定，也可以对家庭生活费用的分担、债务清偿责任、婚姻关系终止时财产的清算及分割等进行约定。[①]

某知名演员曾透露自己因老公家境优渥，被对方要求签订婚前财产协议，这也使她变得更有动力去自己赚钱。这位演员称："被迫签署婚前财产协议是我在人生中和职业生涯中发生的最正确的事情之一。"八年后，两人离婚，无奈之下签署的婚前财产协议反而保护了这位演员的财产。

对于普通家庭，最好在婚前两个人开诚布公地交流彼此关于婚前、婚后财产的权属及收益如何分配、家庭开支如何分担的看法。如果两个人都觉得有必要签署婚前财产协议，可以在律师的帮助下拟定婚前财产协议。任何一方接受不了婚前财产协议，则没必要强求。但以下几种情况，我建议尽量签

---

① 最高人民法院民法典贯彻实施工作领导小组主编：《中华人民共和国民法典婚姻家庭编继承编理解与适用》，人民法院出版社2020年版，第175页。

订婚前财产协议：

第一，企业家。对企业家来说，签订婚前财产协议可以避免因离婚导致的重大经济损失。因为企业家名下资产具有金额高、种类多的特点，通常不仅有住宅，还包括商铺、债权、股权、黄金、保险、理财、字画、豪车等，如果没有签订婚前财产协议，在离婚诉讼中容易陷入被动。

企业家签订婚前财产协议更重要的目的是避免因离婚造成企业控制权变动以及上市公司股价波动。如果一方持有有限责任公司股权，因离婚诉讼引发股权分割，将会影响公司股权结构及公司运营。如果企业是上市公司，控股股东离婚涉及股份的分割也会引发股价波动，众多"天价离婚案"亦由此而来。

第二，再婚人士。再婚时，双方通常已经拥有一部分财产积累，再加上要各自保障子女未来的教育和成长，对于财产权属进行个性化定制的需求较为强烈。婚前财产协议可以对双方婚前财产、婚后财产的产权、使用、收益等按照双方需求进行安排，与法定财产制相比更为灵活。可以说，再婚前设计一套考虑双方利益的婚前财产协议，对于婚姻的稳定至关重要。

第三，双方资产悬殊且均能接受婚前财产协议的情侣。有一些双方个人或家庭资产悬殊的情侣，在走向婚姻时会受到父辈的劝阻。尤其是在离婚率较高的今天，父母往往担心离婚会给资产较多的一方带来损失。在这种情况下，一些情侣会选择通过签订婚前财产协议来打消长辈的顾虑。

总的来说，在我所代理的案件中，双方签订婚前、婚内财产协议的比例并不算高，但随着大家观念的更新，相信会有更多的情侣或夫妻选择按照自己的意愿约定财产的归属。

法条链接

《中华人民共和国民法典》

第一千零六十五条 男女双方可以约定婚姻关系存续期间所得的财产以

及婚前财产归各自所有、共同所有或者部分各自所有、部分共同所有。约定应当采用书面形式。没有约定或者约定不明确的，适用本法第一千零六十二条、第一千零六十三条的规定。

夫妻对婚姻关系存续期间所得的财产以及婚前财产的约定，对双方具有法律约束力。

夫妻对婚姻关系存续期间所得的财产约定归各自所有，夫或者妻一方对外所负的债务，相对人知道该约定的，以夫或者妻一方的个人财产清偿。

第三节　恋人借名买房风险知多少

恋人之间，感情好的时候互相之间非常信任，对于借名买房这种高风险的行为，恋人之间往往没有签署书面协议，也没有保留证据的意识，因此分手后引发的借名买房纠纷就会比较棘手。

前几天，我接到了一位客户的咨询：她因为没有北京的购房资格，又担心房价上涨，而男友正好有购房资格，就借用男友的名字买了房，由于是恋人关系，不好意思要求对方签订书面协议。首付是她支付的，每月的房贷是由她转账到男友银行卡，男友再还的。但是最近两个人的感情出现问题，准备分手，而房价已经上涨了100万元。因此，女方面临房产登记在对方名下、双方没有签署书面协议的难题，女方目前已经具备过户的条件，她不知道该怎么处理。

对于借名买房的实际出资人，主要需要了解以下两个关键问题。

一、实际购房人如果具备购房资格，且买卖的并非限价商品房、经济适用房等保障性住房时，可以起诉要求借名人协助配合过户

你可能会问，如果实际购房人具备购房资格，又出具了所有购房款，是不是必然可以要求男友配合办理过户了呢？实际上，法院对此也有不同判例。因为借名买房实际上规避了政府的调控措施，能否要求借名人过户取决于借名买房合同的效力能否被认定为有效。

一种观点认为，借名买房合同并未违反效力性禁止性规定，借名买房合同有效。比如，广东省广州市中级人民法院（2021）粤01民终13848号民事判决书认为，对于购房调控政策，从性质上来讲，政府的调控措施既不是国家法律法规，也不是行政法规，更多地体现在行政管理性规定，并非效力性禁止性规定，不应当作为审查合同效力的依据。且政策调控系从宏观着手，

从调控总量上来看，实际出资人占用的购房指标系登记人借名人的购房指标，调控总量并未因此减损，政策目的亦未落空。在无证据证明上述借名购房行为侵害他人合法利益、社会公共利益或者国家利益时，借名买房协议有效。

另一种观点则认为，为规避国家限购政策而借名买房有违公序良俗原则，借名买房合同应认定为无效。最高人民法院在（2020）最高法民再328号再审民事判决书中称，实际出资人在当时已有两套住房的情况下仍借他人之名另行买房，目的在于规避国务院和北京市的限购政策，通过投机性购房获取额外不当利益。司法对于此种行为如不加限制而任其泛滥，则无异于纵容不合理住房需求和投机性购房快速增长，鼓励不诚信的当事人通过规避国家政策红线获取不当利益，不但与司法维护社会诚信和公平正义的职责不符，而且势必会导致国家房地产宏观调控政策落空，阻碍国家宏观经济政策落实，影响经济社会协调发展，损害社会公共利益和社会秩序。故当事人为规避国家限购政策签订的《房产代持协议》因违背公序良俗而应认定为无效。但在该案件中，当事人嗣后通过消除限购政策障碍补正了合同效力。

总的来说，如果实际出资人之后符合限购政策，借名买房仅仅是出于购房人不具备购房资格，不存在恶意串通，损害他人合法权益的情形，通常实际出资人起诉请求借名人协助过户是能够得到支持的。但是当借名买卖的房屋系限价商品房、经济适用房时，协议内容侵犯了其他具有购房资格的家庭的利益，违背了公序良俗，合同通常会被认定为无效，实际出资人也无法请求借名人协助办理过户手续。[①]

但是，对目前仍然不具备购房资格的实际出资人来说，问题就棘手多了。只要双方无法协商解决，实际出资人就要面临要求借名人配合办理过户难以

---

① 参见《北京市高级人民法院关于印发〈北京市高级人民法院关于审理房屋买卖合同纠纷案件适用法律若干问题的指导意见（试行）〉的通知》第十六条规定："借名人违反相关政策、法规的规定，借名购买经济适用住房等政策性保障住房，并登记在他人名下，借名人主张确认房屋归其所有或者依据双方之间的约定要求登记人办理房屋所有权转移登记的，一般不予支持。"

得到支持，起诉要求对方给予折价补偿，对方又没有支付能力的困境。因为大多数情况下，出借人如果有足够的购房资金，通常会选择自行购房而不是将购房资格借给他人使用。这也是借名买房无法回避的风险之一。实际出资人可考虑再行协商或者待具备购房资格再起诉。

二、实际出资人需要举证证明双方存在借名购房关系

房产登记在借名人名下，实际出资人相当于要通过举证推翻不动产权属登记，因此需要通过一系列证据综合证明自己是房屋的实际权利人。

如果双方能友好协商，建议和借名人立即补签一份书面协议，明确房屋所有权属于实际出资人，首付款和房贷均系实际出资人出资。鉴于实际出资人已经具备购房资格，建议在协议中约定明确的过户时间，借名人需配合将房产过户至实际出资人名下。通过签署书面协议，可以避免在房价上涨的情况下，借名人否认借名买房，从而导致实际出资人无法实现将房屋过户至自己名下的情况。

如对方不配合签署协议，需要由实际出资人举证证明双方关于借名买房存在口头协议。实际出资人可以从以下几个方面证明双方存在借名购房关系。

一是能证明双方关于借名买房存在口头协议的证据。《民法典》第四百六十九条第一款规定，当事人订立合同，可以采用书面形式、口头形式或者其他形式。书面协议并不是证明双方存在借名买房关系的唯一证据。通常来说，房产金额较高，借名买房的双方会通过书面协议明确双方权利义务。但在双方系恋人关系时，未签署书面协议亦符合常理。

当双方无法补签书面协议时，实际出资人可以通过双方沟通记录来证明借名买房关系，如微信聊天记录、电话录音中，双方明确房屋由实际出资人出资，由实际出资人支配，房屋归实际出资人所有。

二是实际出资的证据。实际出资人支付了购房的首付款、房贷、契税、居间服务费、物业费及水电费等所有费用，可以提供支付首付、转账给借名人支付房贷及缴纳房地产经纪服务费用的银行交易流水清单、房地产经纪公

司专用收据等作为证据，证明自己支付了全部购房款。

三是房屋的占有使用情况，即房屋由谁实际入住或对外出租。作为实际出资人，及时入住该房屋，拿到房屋的钥匙和房本原件非常关键，这是在双方因房屋有争议时证明这套房子实际属于自己的关键证据。

四是房产交易原件保管情况。房屋交易的原件由实际出资人持有更符合日常生活中房产所有人的行为特征。因此，实际出资人可以通过相关房产交易原件由自己控制来证明双方系借名买房，如房产证、房屋买卖合同、发票、税收完税证明、公共维修资金专用收据、物业费、供暖费收据、房屋钥匙等。

综上所述，判断双方是否存在借名买房关系，通常会结合是否存在借名买房协议、借名人是否为实际出资人并履行了相应出资，房产交易原件由谁持有，房屋由谁占有使用，房屋买卖履行过程是否符合借名买卖习惯等要件予以综合考虑。不过，作为律师还是要提醒大家，借名买房实践中容易引发纠纷，应尽量避免借名买房。如实在无法避免，事前签订书面协议并保存相应的证据原件，比发生纠纷后再去处理风险要低一些。

第四节　恋爱期间共同买房，怎么约定 才能避免风险

秋天和男朋友准备一起买房、结婚。秋天首付出300万元，男朋友首付出100万元，两人计划婚后共同还款，秋天的收入高一点，每月还贷金额比男朋友多一些。现在准备签订购房合同，销售人员建议两人选择共同共有，秋天在首付和还贷上都比对方多，房产约定共同共有，万一分手，意味着两人会对半分吗？这种份额约定对秋天有没有什么弊端？

从律师的角度来看，秋天的风险意识值得表扬。恋爱期间共同买房，但是最终意外分手产生纠纷的人有很多，近些年法院受理的终止恋爱关系后分割共有房产的共有物分割案件显著增多，因此我们在恋爱期间共同买房这件事上多点风险意识还是有必要的。本文就来分享一下恋爱期间共同买房有哪些风险点以及如何避免。本篇仅讨论双方自行购房，不包括父母出资购房的情形。

一、恋爱期间共同买房的风险点

1.恋爱期间买房登记风险知多少

关于恋爱期间共同购房，很多情侣都会在销售的推荐下，选择共同共有的登记方式，却不明白登记为共同共有能否保证自己的利益，如果自己是出资较多的一方，登记为共同共有是否存在弊端。

依据《民法典》第二百九十七条规定，共有的方式有两种，包括按份共有和共同共有。不少人以为按份共有和共同共有的区别是：按份共有是按照双方约定的比例进行分割，而共同共有就是对半分。其实不然。

在按份共有中，共有人对共有的不动产按照登记的份额享有所有权。按

份共有人对共有的不动产享有的份额，没有约定或者约定不明确的，按照出资额确定；不能确定出资额的，视为等额享有。实践中，如果双方均有出资并约定为按份共有的，通常会按照登记的比例分割房产。

在共同共有中，共有人对共有的不动产不分份额地共同享有所有权。共同共有人的份额在共有关系结束，共有人提出分割时，法院再确定份额。在确定份额时，也并非按照每人一半的比例分割，还需要考虑双方的贡献大小。

实践中，恋人在共同买房登记时的风险主要体现在，双方通常未对一旦无法结婚，房产该如何处置进行事先约定，且由于考虑感情因素，部分情况下登记比例和实际出资比例不一致，一旦分手时房价上涨，房屋产权归属及增值部分如何分割将成为双方争议的焦点。我们一起通过四个案例来看看恋爱期间共同买房房产分割的特殊性。

（1）登记为共同共有，法院认为应按照出资份额确定双方享有的房产份额

双方恋爱期间买房，均有出资，登记为双方共同共有，一审法院判决双方各享有50%的份额，二审法院改判为按照出资份额认定各方享有的份额，一方享有37.63%的份额，另一方享有62.37%的份额。[①]

二审法院认为，两人曾经为恋爱关系，但双方未办理结婚登记手续，不具有法律上的夫妻关系，即双方之间未形成家庭关系，因此应推定为按份共有，对于二人共同购买的涉案房产的产权份额应按照各自的出资额进行确定。

（2）登记为按份共有，法院认为应按照登记份额确定双方享有的房产份额

蓝刚和项岚恋爱期间共同购房，房屋总价款为382万元，其中首付款114.6万元，贷款267.4万元。首付款系蓝刚一人出资，而对于还贷部分，因双方同居生活期间，资金互有往来，不能明确区分已还贷款部分是由谁个人出资偿还，法院认定为共同偿还。[②]

---

① 云南省昆明市中级人民法院（2021）云01民终11552号民事判决书。
② 天津市南开区人民法院（2019）津0112民初10622号民事判决书。

双方购买房屋后在办理产权登记时，自愿约定为按份共有，项岚占60%，蓝刚占40%，并依法在房管部门进行登记，领取房屋产权证，不违反相关法律法规之规定，法院认定涉案房屋由原告蓝刚占有40%份额，被告项岚占有60%份额。

（3）登记为按份共有，各占1/2份额，实际一方未出资，法院认为应按照贡献大小确定未出资一方分得涉案房屋权利的5%

双方恋爱期间买房，约定为按份共有，各占1/2份额。林刚出了首付并负责还贷，曹芳未出资。法院认为，虽然该房地产登记为两人按份共有，但分割涉案房产时不能简单地按各占50%进行分配，而应当从公平合理的角度出发，考虑共有人对共有财产的贡献大小，适当照顾共有人生产、生活的实际需要等情况，合理确定未出资方的份额。最终法院酌定曹芳分得涉案房屋权利的5%，林刚分得涉案房屋权利的95%。[1]

（4）登记为共同共有，实际一方未出资，法院认为应根据共有人对共有财产的贡献大小等因素确定未出资一方分得涉案房屋权利的10%

双方恋爱期间买房，约定为共同共有，一方未出资，分手时法院根据共有人对共有财产的贡献大小等因素按照10%的标准酌情补偿未出资方。[2]

从上述四个案例可以看出，恋人共同购房案件是有其特殊性的，由于双方最终未能组建家庭，对于恋人无法像夫妻一样同等保护，因此和离婚房产分割案件相比，法院更为看重双方的出资比例。在恋爱期间共同购房案件中，未出资一方很少能仅因为登记为共有人就获得一半份额。

2.恋爱期间共同出资及还贷风险知多少

由于没有领取结婚证，情侣无法用共同名义办理贷款，只能用一个人的

---

① 广东省中山市第二人民法院（2018）粤2072民初3844号民事判决书。
② 上海市第一中级人民法院（2016）沪01民终1133号民事判决书。

名义办理贷款，这就意味着实际还款人和名义还款人并不一致，因此对于实际还款一方存在还款金额难以证明的问题。

因为情侣之间在共同买房时，往往处于感情较好的阶段，双方奔着结婚的目的，金钱上不会算得特别清楚。一方转账往往没有备注信息，也不是只转房贷需要的金额，而是和两人的生活费、租金、赠与、共同理财等开销混在一起，再加上双方有来有往，资金高度混同，若干年后很难区分出一方的具体还贷金额，这就导致法院在认定双方还款额度时可能会和实际金额有出入，从而对还款较多的一方不利。

还有部分情侣存在共同生产、共同经营的情形，不只是房贷还款发生混同，首付款的支付也发生混同，在诉讼中难以区分谁支付了多少首付，导致只能按照双方各一半的比例来认定持有份额，不利于出资较多一方的权益保护。

3.两人买房只登记在一人名下的风险

有时候出于限购或其他原因，两人买房只能登记一个人的名字。这会导致登记一方出售房产或办理抵押登记，未登记一方难以了解并加以制止。如果没有共同买房的协议或聊天记录，双方在分手时闹得不愉快，加上房价上涨，登记一方可能会说房屋是自己单独购买的，而未登记一方的出资是借款或赠与，这就增加了未登记一方的风险。

4.买房甩手掌柜的风险

实践中，这种风险很常见却很少有人注意到。在我代理的案件中，遇到不少情侣在共同买房的过程中，一方因为工作忙、没时间，就会直接转账给伴侣，让对方负责支付购房款项。等到有一天争议发生了，自己作为原告，需要起诉要求对方返还购房款项，却发现自己连购房的交易税费、中介费、装修费、入户费用是多少都不知道，自己转账的款项和给对方的借款、还款混在一起，多少用于支付了首付款，多少用于借款、还款也说不清楚，更是拿不出相应的交易凭证。

甩手掌柜的风险在于无法说清购房成本是多少、自己支付了多少，从而因为举证困难导致自己能被支持的份额低于自己的实际出资比例。

二、恋人共同买房怎么做才能避免风险？

1.恋爱期间买房，如何登记份额对自己更有利？

我建议大家尽量通过书面协议确定双方的出资份额、持有比例、还贷金额。最重要的是，要约定万一分手，房产归谁，拿房的一方按照什么方案给对方补偿。签署协议的好处是，万一分手，谁持有房产、如何补偿未拿房产一方都有相应的处理方案，而不必通过烦琐且成本较高的诉讼程序解决。

如果无法签署协议，对出资多的一方来说，尽量选择按份共有，并且登记的比例不要低于自己的出资比例。按份共有可以明确约定双方持有的房产份额，如一方持有70%，另一方持有30%。在双方没有协议进行约定的情况下，这个登记的份额很有可能被认定为双方已经对各自的份额作出了约定，因此千万不要碍于情面约定份额小于实际出资份额，而是争取按照出资比例或更高比例来约定按份共有的比例。

对出资较少的一方来说，如果对方同意按照高于你实际出资比例的份额登记为按份共有，这对你较为有利。

需要注意的是，对于未出资一方，即使登记了份额，也不代表能按照登记份额享有房产份额。对于恋人共同购房的，法院通常会调整未出资一方份额，如按照上海市法院系统的审判实践的惯例及《上海市高级人民法院关于审理分家析产案件若干问题的意见》第五条的规定，未出资方的份额确定一般在10%到30%之间。[①]因此，如果具备条件，情侣共同出资购房比未实际出资仅仅加名更有保障。

2.共同还贷如何避免风险？

关于共同还贷，实践中，可以通过以下几点降低风险。

---

① 蒋梦娴：《恋人分手后共有房产如何分割？一图解读审理思路》，载庭前独角兽公众号，最后访问日期：2018年1月3日。

（1）书面约定双方各自缴纳的首付款金额、还贷金额。

（2）对于转账一方来说，建议每次转账金额都和当月还贷金额保持一致，并备注某某房屋几月房贷，在转账后保留好汇款凭证。如果两人之间还有其他款项需要支付，一定要和房贷分开支付。

（3）建议两人专门办理一张用于还贷的银行卡，专卡专用，防止一方转账的房贷和对方的工资、存款混同，无法区分。

（4）如果情侣两人需要共同承担房贷，但是金额不固定，每月每人承担的房贷浮动较大，双方可以通过微信聊天记录明确当月双方各自需要承担的还贷金额。

3. 两人买房只登记在一人名下的风险如何避免？

对于无法登记的一方，可以通过以下两点降低风险。

（1）通过书面协议明确自己的份额，并保留共同购房及出资的原始凭证，防止日后产生关于房屋权属的争议。

（2）在具备加名条件后，立即办理产权变更登记。

4. 买房甩手掌柜的风险如何避免？

如果你的工作真的很忙，不能和伴侣一起去办理购房的各种手续，建议你在转账时和对方确认该笔款项的具体用途，并在转账时予以备注，如"第一期首付款""某某房产契税"。在对方办理相应的手续后，及时和对方确认购房交易的原始凭证并由双方共同保管。

回到本节最初的案例，对于秋天在首付和还贷上都比恋人多的情况，更适合选择按份共有的共有方式，且按份共有的比例不低于实际出资比例。此外，双方最好签署书面协议，明确双方的购房出资，并对如果分手房屋的归属及补偿方案进行明确约定。

第五节　女生要不要婚前买房

当下，很多女生的父母会考虑一个问题，即是否要在结婚前资助女儿独自买房。作为律师，我建议女生们，如果手上有一笔积蓄，或者父母能够支援一部分钱交首付，努努力就能买一套属于自己的房子，婚前买房的好处是很多的。

一、婚前独自购房，即便婚后共同还款也更有可能取得房屋的所有权

和婚后共同购房相比，婚前买房的好处是，万一离婚房屋归女方所有，即便婚后双方共同还贷，对方也只能分得共同还贷部分及房屋增值部分，无法取得房屋的所有权。而婚后共同购房，因为牵涉到双方父母的出资等情形，无法保证必然归哪一方所有。《最高人民法院关于适用〈中华人民共和国民法典〉婚姻家庭编的解释（一）》第七十八条规定："夫妻一方婚前签订不动产买卖合同，以个人财产支付首付款并在银行贷款，婚后用夫妻共同财产还贷，不动产登记于首付款支付方名下的，离婚时该不动产由双方协议处理。依前款规定不能达成协议的，人民法院可以判决该不动产归登记一方，尚未归还的贷款为不动产登记一方的个人债务。双方婚后共同还贷支付的款项及其相对应财产增值部分，离婚时应根据民法典第一千零八十七条第一款规定的原则，由不动产登记一方对另一方进行补偿。"

如果父母可以帮忙还房贷，并且明确父母所还房贷资金仅赠与自己的女儿，则房屋的权属会更清晰，对方无权分割该房产。

二、婚前买房成本更低

如果是婚后买房，在对方已经有房的情况下，女方再出资购买一套属于自己的房产就属于二套房，在很多城市二套房的首付比例和贷款的利息都更

高，导致婚后买房比婚前买房压力更大。

三、避免婚前积蓄在婚后发生混同，从而被认定为夫妻共同财产

如果婚前积蓄未用于买房，婚后很可能会用于家庭共同开支导致婚前个人积蓄被消费用尽，或者是和家庭共同财产发生混同，从而从婚前个人财产转变为夫妻共同财产，离婚时能全额拿回来的可能性非常小。

四、避免个人出资买房变成夫妻共同出资

很多人缺乏隔离意识，婚前的储蓄卡在婚后继续使用，和配偶的转账、婚后的工资收入、家庭开支混合在一起。如果若干年后两人共同买房，即便买房出资款中有相当一部分是自己的婚前存款也很难证明。如果出资被认定为夫妻共同出资，相当于损失了一部分房屋份额。

五、拥有房产是争取抚养权的加分项

尽管是否拥有房产在法律上并不是能否获得抚养权的必要条件，但是父母一方有稳定的住所的确能为孩子提供更好的成长环境。在离婚纠纷中，大多数情况下妈妈最在意的就是能否争取到孩子的抚养权，从这一点出发，婚前买房是个不错的选择。

当然，有房子不等于幸福，是否适合婚前买房需要结合自身的储蓄状况、未来的生活规划及所在城市的房价走向等多重因素，谨慎决策。

第六节　婚前个人财产规划

通过前几节的内容，大家会发现，原来想要证明婚前个人财产属于婚前个人财产，并没有想象中那么容易。在离婚率普遍较高的当代社会，作为一名律师，我认为大家都应该具有预防风险的意识，而做好婚前个人财产规划能更好地保护我们的感情。

如何做好婚前个人财产规划，防止婚前财产和婚后财产发生混同，不同类型的财产有不同的操作。

一、关于婚前存款

1.婚前婚后开具不同银行卡，避免存款混同风险

我们可以把婚前存款和婚后收入放在不同的银行卡里，避免出现混同风险。如果在一张银行卡上，既有每个月的工资进账，又有每天的各种花销，一个月几百笔消费，累计十几年，法官如何判断哪一笔消费花的是婚前存款，哪一笔花的是婚后共同财产？在无法区分的情况下，离婚诉讼中就无法把婚前存款扣除再分割夫妻共同财产，也就是说，婚前存款一旦发生混同就要作为夫妻共同财产进行分割。因此，婚前婚后使用不同的银行卡就可以轻松解决这个问题，操作简单，而且证明起来一目了然。

2.婚前财产还可以采用定期存款、大额存单、兑换外币或者购买金条等方式和婚后收入进行隔离

一方面，定期存款（需要到期后继续购买定期存款，不转入活期）、大额存单、外币、金条都可以起到隔离婚前存款和婚后存款的作用。另一方面，存款利息、金价上涨，和本金一起都属于婚前个人财产，不用分给对方。存款利息属于法律规定的法定孳息，金价的上涨属于自然增值。根据《最高人民法院关于适用〈中华人民共和国民法典〉婚姻家庭编的解释（一）》第

二十六条的规定："夫妻一方个人财产在婚后产生的收益，除孳息和自然增值外，应认定为夫妻共同财产。"通过这种方式，不仅本金可以固定为婚前个人财产，婚后的收益和增值部分也属于婚前个人财产。

二、关于婚前购买的股票

婚前购买的股票的本金在婚后依然是一方婚前的个人财产，无须分给对方。但对于婚前持有的股票在婚后产生的增值，增值部分属于夫妻共同财产还是个人财产，则需要根据股票增值的原因进行判断。

最高人民法院民一庭对此的观点是："如果在婚前就持有股票，一直没有操作过，则股票的增值完全是市场行情变化导致的，应当将这种增值理解为自然增值，将其认定为婚前个人财产较为妥当。如果股票在婚后进行过多次买入与卖出，则将股票的增值理解为投资行为较为妥当。"[1]

家庭的运转需要两个人的付出，虽然一方研究股市、基金能为家庭带来收入，但另一方默默地做家务，也是一种为家庭付出的形式。股票增值是两个人为家庭共同努力的结果，属于双方共有更为公平。

关于股票的分割时间，有两种不同的观点。一种观点认为，可以将婚前购买股票的本金从离婚时股票的市值中扣除，剩余部分作为夫妻共同财产进行分割。另一种观点认为，应以双方结婚之日作为基准，以当天一方名下的股票市值作为一方的个人财产，离婚时的股票市值减去该部分后再作为夫妻共同财产进行分割。两种观点的差异在于，离婚时扣除的是一方购买股票的本金，还是结婚当天股票的市值。最高院民一庭吴晓芳法官倾向于第二种观点，她认为前一种观点忽略了股票在婚前的增值也是个人财产的情况，会损害一方当事人的财产权益。[2]

---

[1] 最高人民法院民事审判第一庭编：《民事审判实务问答》，法律出版社2021年版，第124页。

[2] 吴晓芳：《一方个人财产婚后收益问题的认定与处分》，载《民事审判指导与参考》（总第57期）2014年第1期，人民法院出版社2014年版，第144—148页。

了解了股票本金及增值部分的认定规则后，可以总结出婚前持有的股票和婚后财产进行区分的三种方法：第一，婚前投资股票绑定的银行卡只用于管理婚前的股票。婚后如果有增加股票投资的需求，建议另外开具一张银行卡，使用婚后存款进行股票投资。第二，如果介意配偶共享股票增值的部分，需要在婚后仅持有股票，不进行任何操作。第三，对于结婚当天自己名下的股票市值予以记录，方便作为股票分割基准。

三、关于婚前房产

婚前全款购买的房产，婚后依然属于个人财产。如果这套房子在婚后增值了几百万元，其增值部分也属于个人财产。因为这在法律上属于自然增值，我们没做任何努力其价格也在攀升，没有体现夫妻双方的共同劳动，因此对方无权共享增值。

但如果你在婚前支付了首付，每个月需要还贷，在双方没有另外约定的情况下，婚后还贷尽管用的都是个人的工资，也会被视为夫妻共同财产还贷。这种情况下，对方是可以共享共同还贷部分及婚后房产增值部分的。

婚前购买的房产在婚后要尽量避免多次置换，因为多次置换获得的增值容易被认定为投资收益，从而应该作为夫妻共同财产进行分割。对于有贷款的房产，如果希望还贷部分及增值部分均由自己享有，则需要与配偶签署夫妻财产协议，对此进行明确。

四、关于婚前持有的贵重字画

如果婚前持有贵重字画，字画的增值受到市场的外在因素及艺术品投资市场火爆程度的影响，与个人的主观意愿无关，和房产增值一样属于自然增值，因此增值部分属于个人财产。你需要保管好发票或者接受赠与的证据，证明字画是你婚前持有。

综上所述，婚前财产种类庞杂，对于不同财产增值部分是否属于夫妻共同财产，法律的规定也不尽相同。越来越多的人选择在婚前咨询律师，了解相关的法律知识，选择适合自己的婚前财产规划方案，这将帮助人们在面对婚姻带来的风险时拥有更强的承受能力。

那么，如何判断离婚律师是否靠谱？

1. 看律师擅长的领域是否包含离婚纠纷。每个律师都有自己擅长的领域，而法律行业分类很多，包括离婚诉讼、劳动争议、商事纠纷、医疗纠纷等众多领域，每个领域的案件都有自己的特殊性。如果你要找离婚律师，最好找专门从事离婚案件的代理律师，这样才能保证律师具备该领域的专业度。

2. 看律师的工作年限、履历、过往案例。法学是一门实践性很强的学科，通常来说，律师如果执业年限较长，积累的经验会更丰富。当然，工作经验丰富也会影响律师的报价，如果案件并不复杂，可以在收费和经验中找到适合自己的平衡点。

3. 看律师是否承诺有关系、承诺案件结果。如果这个律师暗示自己关系过硬，承诺案件结果，最好直接将其排除，他很可能是在利用信息不对称来欺骗你。

4. 问清楚和自己沟通的是不是承办自己案件的律师。部分律师团队规模较大，由销售人员负责和客户沟通，这会导致与你谈案子的人和最终办理案件的人不是同一个人，对于案件走向的判断会有差异。建议你在沟通前问清楚谈案的人是不是将来的承办律师。

5. 可以交叉验证律师的说法。由于法律行业需要较强的专业背景，普通人没有法律知识，很难验证律师说的是对是错。如果时间允许，可以联系两位到三位律师，通过他们对于其中一个问题的解答交叉验证其他律师的回复，这可以帮助你更快找到值得信赖的律师。

致未婚女孩的一封信

作为律师，我参与过很多离婚案件的谈判和诉讼。有一句经典的电影台词是："刑事律师会看到坏人最好的一面，而离婚律师会看到好人最坏的一面。"娱乐圈的各种新闻让未婚女孩对婚姻充满了思考，伴侣还能不能被信任？我作为一名离婚律师，常会被人问到一个问题，选择什么样的人结婚才能不离婚？

我的答案是：选择什么样的人都有可能离婚，因为唯一不变的就是变化。我们能做的是选择一个有责任心的人，让自己拥有经营婚姻的能力、拥抱变化的心态，才能在婚姻关系里得到滋养。

想要经营好婚姻并不容易，每段婚姻都有走向破裂的可能性。我总结了几点在结婚前应该考量的因素，供大家参考。

第一，过日子，人品比钱包更重要。如果这个人的品质有问题，不管物质条件有多好，目前感情多好，我都建议你放弃。因为人品问题除了表现在这个人对你的感情是否专一，更重要的是万一你们两人产生了矛盾，对方会不会作出极端的行为影响你的生命安全。

比如，2021年牵动大家的"重庆两幼童坠楼案"，张某把自己的两个孩子从重庆一高楼15层坠下，2岁的姐姐当场死亡，1岁的弟弟经抢救无效也死亡。你可别觉得家庭暴力距离普通人很遥远，根据最高人民法院2017年作出的《司法大数据离婚纠纷专题报告》，有14.86%的夫妻因家庭暴力向法院起诉离婚，这在离婚的事由里排名第二位。因此，可以说人品不行，一票否决。

第二，结婚需要两个人都有独立的经济能力和决策能力。如果任何一方无法脱离自己的父母独立生活，那么你们婚姻的质量多半会受到影响，作出独立决策的前提是经济独立。在我经手的一些案件中，因为一方父母过度参与小家庭的事务导致离婚的案件不在少数，而父母过度参与的重要原因之一就是两个人的收入无法独立还房贷、养孩子，还需要靠一方父母的资助。如果父母没有边界感，而配偶一方也没有起到调节作用，最后多半会以离婚收场。

第三，婚前了解自己比了解对方更重要。女生的婚恋成本客观上比男性更高，因此婚前要尽早确定自己最不能接受伴侣什么样的特质，自己的核心需求是什么。

如果你的核心需求是陪伴，那就没必要找一个全部身心扑在事业上的男性。如果你的核心需求是对方能够赚钱养家，婚后你可能会发现，他能陪你和带孩子的时间不会太多。如果你要的是一个积极上进的男人，那你需要接受他也会要求伴侣共同进步。如果你也是一个普通人，在能赚钱、性格好、颜值高中，选择一个你最在意的就可以了。

第四，婚前多看缺点，婚后多看优点。很多人可能会反过来操作，婚前看对方都带着滤镜，看到的都是对方的优点。婚后才发现，自己看中的优点背后都有隐藏的缺点，又因此开始抱怨，觉得自己看走眼了。如果热恋的时候，你能多一分清醒，婚后平淡的日子里，能对对方多一分欣赏，那么你的日子就不会过得太差。

第五，学点法律和心理学。婚姻难就难在既要有爱情，又要有面包，两个人的三观要差不多、世俗基础也要相当，还能在漫长的几十年生活里养育孩子、赡养老人，直面两个人逐渐消退的激情，更别提一日三餐、孩子吃喝拉撒等现实的琐碎对感情的消磨。这一切仅凭爱情是不够的，学点法律，知道关键时刻如何保护自己；学点心理学，能够更加科学地找到两人之间存在的问题，都是对婚姻有切实帮助的知识。

你的婚姻是什么样的，由你来决定，你对于自己的生活永远是有主动权的。网络上展示的婚姻样本是片面的，是经过筛选的，并不是世界的全部。每个人都可以通过自己的努力，一点点构建出自己理想的婚姻。

如果让我给出一个建议，我希望你的世界能够大一点点，把爱情和婚姻作为生活中重要但不是唯一的事情。要知道，你的世界里除了有爱情、有柴米油盐，还有你的家人、你的梦想、你的努力。和朋友欢聚的时光、工作中被认可的时刻、想要保护的家人，都是你生活中重要的组成部分。不让婚姻变成自己讨厌的样子，是对方也是你的课题。

第二章　彩礼和嫁妆

第一节　聊聊彩礼那些事

彩礼问题，几乎是每对小夫妻结婚都会碰到的问题。我在开始时，先问大家几个问题。

1. 为了结婚购买的"三金"，是否属于彩礼？

2. 婚宴上，小夫妻收到的礼金，是否属于彩礼？

3. 改口费是否属于彩礼？

4. 见面礼是否属于彩礼？

根据传统，彩礼是婚前男方家庭送给女方的一份礼金或财产，嫁妆是女方带给婆家的物品或钱财的总和，是父母对小夫妻婚姻的一种祝福。但是在现实生活中，如果情侣最终没有走向婚姻，或者结婚后又离婚，双方家庭就很容易因为彩礼和嫁妆产生法律纠纷。

彩礼产生的法律纠纷的难点在于，如何界定这笔钱的法律性质。因为结婚的时候，大家图一个喜庆，给钱要么是用现金的形式，要么是用转账的形式，即便是转账也不会备注"彩礼"两字。等到纠纷产生了，双方往往各执一词。

一、彩礼隐含的法律风险

1. 通过现金给付的彩礼，彩礼金额及保管保证均存在风险

婚礼举办之前，陈峰峰给了王迪迪彩礼88000元，王迪迪的父母添置了

40000元作为嫁妆，于婚礼举办前一起装于嫁箱内（内含128000元）。婚礼结束后，嫁箱由陈峰峰及其家人保管，王迪迪认为陈峰峰从中拿走了10万元用于偿还自己借的彩礼钱。但是陈峰峰拒不承认自己拿走了10万元现金。

通过这个案例可以看到，如果彩礼给的是现金，彩礼给了多少、彩礼放在谁那里保管，都会存在风险。实际控制彩礼箱的人未必是女方，这就导致女方名义上收了彩礼，但是实际上并未真正拿到彩礼。[1]

建议：如果按照风俗，彩礼需要现金支付，最好在有双方亲戚的情况下对彩礼的金额进行清点，并由女方或者女方的父母保管彩礼。

男方主张自己给了10万元现金作为彩礼，之后双方未能登记结婚。男方起诉主张返还10万元彩礼，但女方称未收到彩礼。男方申请证人出庭做证，说自己向证人借款10万元，用于支付彩礼。法院认为该证据不足以证明支付了彩礼，因此未支持男方返还彩礼的主张。

建议：如果男方支付彩礼，也最好通过转账支付，保留相应证据。

2. 婚后给付彩礼，法院不予认定款项是彩礼

小夫妻在婚后共同买房，购房的首付款由男方的母亲在婚后支付。对于这笔首付款，女方认为当时约定的是彩礼，因此在离婚时应返还给女方。而男方主张不存在彩礼，首付款是其母亲给二人的借款，离婚时需要作为夫妻共同债务偿还。

法院认为，彩礼是男女双方根据习俗，以双方结婚为目的，由男方给付女方的大额礼金，通常为婚前支付。本案中，男方母亲直接将该款用于支付房屋首付款及税费，且时间为婚后，与给付彩礼的习惯不符。女方未提交其他证据证明该款系彩礼，故对于女方返还彩礼的主张本院不予支持。[2]

---

[1] 浙江省浦江县人民法院（2020）浙0726民初4735号民事判决书。
[2] 天津市北辰区人民法院（2014）辰民初字第3946号民事判决书。

建议：彩礼在婚后给付风险较大，且和风俗不符。最好在婚前支付彩礼，并约定有象征意义的金额，如8888元、131400元等。

3.男方通过借钱支付彩礼，婚后变成共同债务或因生活困难导致彩礼需要返还

小夫妻在订婚时，女方要10万元彩礼。订婚当天，男方支付彩礼款1万元，结婚前10天又支付彩礼款9万元。该款项均为男方为结婚向他人借款，至今无能力偿还。

法院认为，原、被告在订婚时，被告向原告索要彩礼的行为违反了《民法典》婚姻家庭编关于借婚姻索取财物的规定，且造成了原告家庭生活困难。因此，对被告索要的彩礼款10万元应酌情予以返还。

建议：彩礼的金额要符合男方的实际经济状况，如果男方通过借款来支付彩礼，构成经济困难，离婚时该笔彩礼需要返还给男方。

二、彩礼相关法律规定

关于彩礼，法律上只有一条规定。《最高人民法院关于适用〈中华人民共和国民法典〉婚姻家庭编的解释（一）》第五条规定："当事人请求返还按照习俗给付的彩礼的，如果查明属于以下情形，人民法院应当予以支持：（一）双方未办理结婚登记手续；（二）双方办理结婚登记手续但确未共同生活；（三）婚前给付并导致给付人生活困难。适用前款第二项、第三项的规定，应当以双方离婚为条件。"

三、"三金"、礼金、改口费、见面礼是否属于彩礼？

由于法律上没有界定什么费用属于彩礼，加上各地的风俗文化差异巨大，因此关于见面礼、改口费、"三金"是否属于彩礼，法院有不同的判决。回到开头的四个问题，我们来逐项判断是否属于彩礼。

1.为了结婚购买的"三金"是否属于彩礼？

通常来说，如果是以结婚为目的遵循当地风俗购买的金饰品，性质上属于彩礼，符合彩礼退还条件的，女方应退还"三金"实物或支付相应折价款。[①]其他情形下赠送的"三金"，是否属于彩礼，可以阅读本章第四节。

2.婚宴上收到的礼金是否属于彩礼？

如果双方最终未登记结婚，结婚酒宴上收取的礼金通常会被认定为亲友对举办婚礼双方的祝贺，其本意属于赠与，而非"彩礼"的范畴。[②]加上礼金通常为现金收取，实践中，主张返还的一方难以举证证明礼金由对方保管，因此礼金最终会由婚宴中负责保管礼金的一方获得。

如果两个人最终登记结婚，礼金通常会被视为对夫妻双方的赠与，扣除办理婚宴的费用外，剩余款项构成夫妻共同财产，离婚时可以主张分割。[③]

3.改口费是否属于彩礼？

关于改口费是否属于彩礼，判例有不同的观点。一种观点认为，改口费不属于彩礼。持该观点的法院认为，改口费是根据本地风俗改称对方父母"爸爸""妈妈"时，公公婆婆赠与儿媳的礼金，而不是为缔结婚约关系而按当地习俗必须支付的礼金，不具有彩礼性质。[④]另一种观点则认为，改口费属于彩礼的一种，应适用彩礼的返还规则。比如，在北京市朝阳区人民法院（2020）京0105民初50858号婚约财产纠纷中，法院判决女方返还彩礼（彩礼、改口费）共计15000元。

然而，常见的问题在于，改口费通常以现金的形式给付，一旦对方不承认自己收了改口费，男方很难提供证据证明这些款项的实际数额且已被女方拿走。

4.见面礼是否属于彩礼？

实践中，关于见面礼是否属于彩礼，同样有不同观点。一种观点认为，

---

① 江苏省南京市鼓楼区人民法院（2020）苏0106民初6247号民事判决书。
② 湖北省应城市人民法院（2018）鄂0981民初1169号民事判决书。
③ 北京市大兴区人民法院（2021）京0115民初22100号民事判决书。
④ 天津市第二中级人民法院（2015）二中民一终字第97号民事判决书。

见面礼属于恋爱期间的赠与，不属于彩礼。双方在恋爱过程中，父母给的见面礼属于自愿赠与，不属于实际意义的彩礼范围，不应予以返还。[①]另一种观点则认为，见面礼也属于彩礼。在一个案例中，男方母亲给予女方的2万元见面礼被认定为彩礼的一部分，需要和6万元的彩礼一起返还。[②]

总之，"彩礼"在法律上缺少严格定义，实践中的表现形式纷繁多样，且通常以现金形式给出，一旦情侣最终未能走入婚姻，彩礼极为容易引发纠纷。作为给出彩礼的男方，如果对于双方能否结婚存在担忧，则彩礼应尽量在结婚前给付，且约定具有象征意义的金额。对于举办婚宴的一方来说，由于婚宴上收取的礼金通常需要由举办婚宴一方的父母日后偿还，因此应保证婚宴所收礼金由自己一方亲戚保管，避免礼金被对方取走且难以证明。

[①]　河北省石家庄市中级人民法院（2020）冀01民终8978号民事判决书。
[②]　天津市第二中级人民法院（2015）二中民一终字第1218号民事判决书。

第二节　分手或离婚后决定彩礼是否退还的几大关键点

一、彩礼返还规则

1.如果双方没有领取结婚证，也没有共同生活

这种情况下，按照法律规定，彩礼是需要退还的。

2.如果双方没有领取结婚证，但是已经共同生活

通常情况下，法院会根据双方共同生活的时间、是否生育子女、彩礼是否已经用于日常生活开支等因素酌定彩礼返还金额。

男女双方于2018年确定恋爱关系，七个月后分别于男方老家及女方老家举办结婚仪式，未办理结婚登记。男方母亲向女方支付彩礼30万元，女方母亲回礼5万元。法院认为，因双方在家乡已经举办了婚礼，从婚礼现场视频来看，婚礼较为隆重，对周围人群产生了一定影响，且双方举办婚礼后共同生活近10个月。因此，对于返还数额，法院结合双方共同生活的时间、生活消费及双方过错程度酌情确定，最终25万元彩礼酌定返还12万元。[①]

3.如果领取了结婚证

这种情况下，彩礼视为女方个人财产，如果没有特殊情况，离婚时男方不得要求返还。需要返还的情况仅包括以下两种。

其一，如果结婚但确未共同生活，彩礼应该退还。

其二，如果结婚，也共同生活了，但是因给彩礼导致男方生活困难的，也应该退还。"生活困难"的认定标准，通常要结合当地经济发展水平、男方

---

① 北京市丰台区人民法院（2020）京0106民初17602号民事判决书。

家庭经济情况、彩礼金额多少进行综合判断。

二、彩礼返还比例

需要注意的是，返还彩礼时不一定是全额返还。因法律上没有规定返还的比例，通常情况下，根据《江苏省高级人民法院婚姻家庭案件审理指南》（2010年），法院会结合以下因素考虑，如哪方提出结束关系、双方结婚时间长短、有无生育子女、财产使用情况、双方经济状况等。该指南中还指出，泰州姜堰市法院规定"接受彩礼方提出解除婚约的，彩礼价值在2000元以上至10000元的，按照80%返还；价值在10000元至20000元的，按照90%返还；价值在20000元以上的，全额返还。如果是给付彩礼方提出解除婚约的，彩礼价值在2000元以上至10000元的，按60%返还；价值在10000元至20000元的，按70%返还；价值在20000元以上的，全额返还"。此做法兼顾了当地风俗及经济发展情况，效果较好，值得借鉴。

在最高人民法院2015年公布的49起婚姻家庭纠纷典型案例中，其中一个案例就涉及彩礼的返还。双方于2009年8月经人介绍相识，于2011年3月7日登记结婚，于2011年3月12日举行结婚仪式。从双方相识到结婚这段时间内，女方共接收男方彩礼金21200元。双方相识四年来，未共同生活过。法院综合考量，最终判决女方退还彩礼金14840元，也就是彩礼的70%。

三、若对方不承认款项系彩礼，返还规则是什么？

实践中，男方支付彩礼，要么是以转账的形式，要么是以现金的形式，一般情况下都不会在转账的时候特意备注这是彩礼。当发生争议时，如果女方不承认这笔款项是彩礼，认定规则和普通的赠与是一样的。

也就是说，如果是在婚前支付的，又是直接给女方的，那被认定为赠与女方个人的可能性比较大。如果是婚后支付的，除非特意说明只给女方，否则认定属于小夫妻双方的可能性比较大。

四、收取彩礼的一方应该注意哪些事项?

1.一定要婚前支付

按照风俗，彩礼一般在婚前支付。如果在婚后支付，在没有证据的情况下，想要证明这笔转账是彩礼，难度比较大。如果无法证明，彩礼就会由女方个人财产变成夫妻共同财产。

2.警惕对方借钱支付彩礼

一方面，借钱支付彩礼，借款有可能需要婚后共同偿还。另一方面，在男方家没有其他积蓄，因为支付彩礼而欠下高额债务的情况下，有可能会构成法律规定的"彩礼婚前给付并导致给付人生活困难"的情形，导致彩礼需要返还。

3.如果收取了现金形式的彩礼，需要注意保管

婚礼期间各种礼节比较多，如果彩礼被男方保管，可能存在婚后要不回来的风险。实践中，也有男方拿着刚给出去的彩礼去偿还自己的借款的情况。

4.如果是转账支付彩礼，需要保留记录

尽量通过证据固定这笔费用属于彩礼，而不是借款。可以通过让对方转账的时候留言备注彩礼、约定有特殊意义的金额，如131420元，以及通过微信聊天记录确认款项的性质。

第三节　恋爱期间的大额花费，哪些能要回

在恋爱过程中，为增进感情，双方常常会互相赠送价值不菲的礼物、红包，或是一方在恋爱期间承担了大部分的旅游、租金开支。当恋爱关系终止时，双方往往会因财物的返还产生争议而诉至法院。

通常来说，恋爱关系中的赠与系自愿赠与，如果赠与的礼物价值、所花费的开支未超过日常人情往来范畴，则属于一般性赠与，恋爱关系终止后，赠与方无权要求返还。与一般性赠与相对应的是以结婚为目的的赠与。当结婚的目的无法实现时，赠与方有权要求返还。

一、恋爱期间给对方的花费不支持返还的情形

1.不以结婚为目的的一般性赠与

赠与合同是赠与人将自己的财产无偿给予受赠人，受赠人表示接受赠与的合同。根据《民法典》第六百五十八条第一款规定："赠与人在赠与财产的权利转移之前可以撤销赠与。"动产的物权变动原则上以交付为生效要件。因此，只要恋人之间交付了标的物，赠与人就不能再行使任意撤销权。

比如，恋爱期间为对方购买的服装、饰品、日常生活用品，如果金额未超过日常的人情往来范畴，均属于一般性赠与，一旦赠与物品交给对方就不能再主张返还。

2020年10月，吴先生与那女士通过相亲网站认识，并以微信方式进行联系。2021年1月，吴先生通过邮寄方式给那女士路易威登手提包一只。2021年2月，吴先生、那女士一起购买卡地亚金手镯一只。现该两件物品均在那女士处。手提包价值12100元、卡地亚金手镯价值53500元。分手后，吴先生要求那女士返还手提包及手镯。[①]

---

① 江苏省无锡市中级人民法院（2021）苏02民终5905号民事判决书。

法院认为，吴先生赠送给那女士手提包、金手镯，那女士予以接受，赠与行为已经完成，在双方已经不再交往的情形下，现吴先生要求那女士返还财物的诉讼请求，于法无据，法院不予支持。

理由如下：其一，吴先生的赠与行为、那女士接受赠与的行为未违反有关法律规定，合法有效，且本案赠与行为已经完成，赠与财产的权利已经转移，故吴先生不享有任意撤销权与法定撤销权，吴先生无法撤销该赠与行为。

其二，根据双方的微信聊天记录内容来看，在双方交往期间，赠送手提包系吴先生主动提出，那女士多次婉言谢绝，而吴先生表示"只是新年的一个礼物，不要有任何心理负担"；赠送金手镯系吴先生为那女士购买的生日礼物，也未看出那女士故意索要的情况，吴先生认为赠送手提包、金手镯系那女士故意索要，证据不足，法院碍难采信。

其三，吴先生认为金手镯系婚嫁物品，属于附义务的赠与，现因双方不再联系而要求返还，理由亦不能成立，双方在微信聊天记录中均明确购买金手镯系吴先生送给那女士的生日礼物。

法院认为，在双方交往期间，男女之间的赠与行为与双方的恋人关系密不可分，其中包含了联络感情和表达爱意的意思表示。如果在交往期间，赠与的财物并不以结婚为目的，而是为了表达感情，根据一般生活经验，赠送礼物应属于一般性赠与，在恋爱关系终止时，赠与方不能要求主张返还。故吴先生无权要求那女士返还手提包及金手镯。

2.一方支付的租金和共同生活的开支

恋爱期间，林一替熊雯支付了房租、押金、中介费、煤气费、水电费和物业费，共计16937元。法院认为，当时双方属于恋爱关系，林一系自愿为熊雯垫付上述费用，林一没有提供任何证据证实关于上述费用双方存在返还的约定。因此，对于林一基于不当得利要求熊雯返还上述费用及其利息不予支持。[1]

---

[1]　天津市第二中级人民法院（2021）津02民终2182号民事判决书。

恋爱期间垫付的费用，如果系一方自愿支付，且双方未对是否返还作出约定，通常视为赠与，不应予以返还。

二、恋爱期间给对方的花费支持返还的情形

1. 以结婚为目的的赠与

对于恋爱期间以结婚为目的的赠与，性质上属于附解除条件的赠与。当缔结婚姻或共同生活的目的无法实现时，赠与人有权要求返还赠与财产。比如，《深圳市中级人民法院关于审理婚姻家庭纠纷案件的裁判指引》（2014年修订）第十七条规定："双方同居或恋爱期间，一方以结婚为目的赠与另一方较大数额财物，分手后请求另一方返还赠与财物的，人民法院应予支持。"

李刚与路岚于2016年8月相识，2016年9月15日确立恋爱关系。李刚出资355000元购买一辆梅赛德斯—奔驰牌机动车登记在路岚名下。分手后，李刚诉请路岚返还购车款355000元。[①]

法院认为，对于赠送的贵重财物等大额支出，除非受赠方有相反证据证明，否则可以推定赠与方是以将来能够结婚的预期作为赠与的前提条件，因恋爱失败分手而不能结婚的，其当然不符合赠与方在赠与时的心理预期。法院认为，李刚为路岚购买车辆支出购车款355000元，可视为李刚期待与路岚结婚而赠与的大额款项，而双方恋爱后分手，李刚所期待的结婚目的未能达到，路岚应当返还购车款，法院综合考虑本案案情、涉案车辆购车款金额和已使用年限等因素，根据公平合理原则，酌情判定路岚需向李刚返还购车款284000元（355000元×80%）。

实践中，法院对于大额财物赠与的认定通常较为谨慎。多数判例认为，大额财物的赠与并非单纯的无偿给予财物的目的，实际上是附解除条件的赠与。如果未能缔结婚姻，则赠与人可以要求返还财物。

---

① 广东省高级人民法院（2019）粤民申13517号民事裁定书。

2.同居期间共同劳动、经营或管理所得

如果双方同居，同居期间有共同劳动、经营或管理所得财产的，可以要求分割。分割的原则为：双方有约定的按照约定；没有约定且双方财产混同的，推定为按份共有，具体份额比例可依据同居时间、各自贡献、生活习惯确定。

2009年12月，李陆购买基金共计17万元，此时双方已同居达七年之久。其间，双方的收入与支出混在一起，现有充分证据证明李陆与陈明共同参与了经营活动，经济上双方无明确的分立，李陆亦举示不出充分的证据证明该基金系个人出资，故应认定该基金为李陆与陈明的财产。[①]

此外，关于恋人之间的转账在分手时能否返还，需要判断转账属于赠与还是借款、保管、委托、双方共同生活消费支出，可以结合双方的短信、微信聊天记录、电话录音、转账备注等证据来判断转账的性质。

如果转账金额较大，且双方存在婚约，构成以结婚为目的的赠与，在结婚目的无法实现时，通常支持返还。如果转账金额较小，或者是"1314""520"等有特殊含义的转账，属于一般性赠与，不支持返还。如果是代为保管，保管一方应该予以返还。如果是委托，需要结合具体委托事项判断。如果转账用于支付双方共同生活消费，且双方没有约定过返还，则视为赠与，不能要求返还。

---

① 重庆市第一中级人民法院（2013）渝一中法民终字第00102号民事判决书。

第四节　关于"三金"的那些事儿

一、"三金"是否属于彩礼？

"三金"在传统上是指金戒指、金镯子、金项链，属于民间习俗中的结婚传统彩礼。由于法律对于"三金"是否属于彩礼没有明确的规定，因此具体案件中需要结合"三金"送出的时间是恋爱期间还是谈婚论嫁期间，以及"三金"的金额是否和双方平时的消费水平一致来判断其性质。由于这些情况的不同，导致"三金"是否需要返还需要结合个案来判断。

二、以案说法

1.恋爱期间不以结婚为目的赠与的"三金"

恋爱期间不以结婚为目的赠与的"三金"，无须返还。

"三金"尽管在传统上属于结婚时才购买的彩礼，但是随着经济生活水平的提升，恋爱期间男方给女方买"三金"的也不少见。如果结合双方的消费水平，平时经常赠送差不多金额的礼物，那"三金"可被视为恋爱阶段自愿赠与的物品，分手时无权要求返还。

2.恋爱期间以结婚为目的赠与的"三金"

恋爱期间以结婚为目的赠与的"三金"，在结婚这一目的无法达成时，"三金"应酌情予以返还。

男方七夕为女方购买"三金"，花费1.5万元，分手后男方主张女方归还"三金"的购买费用。一审法院认为，双方属于恋爱关系，恋爱中双方实物、金钱的往来不以结婚为目的，本案中"三金"不属于彩礼的范畴，不应退还。二审法院对此观点不予认可，二审法院更多考虑的是双方平时的金钱往来以及礼物的金额，发现以往双方赠与金额最大的一笔仅为2500元，而在七夕赠送价值1.5万元的礼物，不符合双方交往期间金钱往来的惯例。本案中，"三金"花费应属于婚约财产，但由于原告对于未能缔结婚约存在过错，因此法院酌定女方向男方支付7500元，也就是50%的"三金"花费。[①]

3. 领证之前或者领证不久，作为彩礼的"三金"

领取结婚证之前或者刚领证不久，将"三金"作为彩礼给对方的，属于接收"三金"一方的个人财产，离婚时无须返还。但双方办理结婚登记手续但确未共同生活，或者婚前给付并导致给付人生活困难的，"三金"需要返还，但是具体比例由法院根据具体情况确定。

4. 领证后很久赠与的"三金"

领取结婚证之后很久才给对方购买的"三金"属于夫妻共同财产。

在一个案例中，女方父母在女方婚后购买了铂金对戒，男方在婚前和婚后各购买了一条金项链送给女方。[②]法院将婚后购买的铂金对戒和金项链作为夫妻共同财产依法分割；而将婚前购买的金项链作为男方婚前赠与女方的财产，即女方婚前的个人财产。

[①] 《恋爱不成请求返还"三金"，法院：婚约财产应当返还》，载《新余日报》2020年12月30日第006版，最后访问日期：2023年1月27日。

[②] 上海市浦东新区人民法院（2019）沪0115民初97631号民事判决书。

第五节　嫁妆怎样给才能保障女儿的幸福

父母给自己的女儿准备嫁妆，是对女儿和小家庭的祝福，希望帮助小家庭顺利成立。父母在准备嫁妆的时候，一般是看女儿缺什么就准备什么，给钱、买车、买房、装修、买家具，都比较常见。但选择不同的嫁妆类型，以及在不同的时间给，在小夫妻闹离婚时嫁妆能不能拿回来则完全不同。

一、关于嫁妆分割的司法规则

关于嫁妆的定义及离婚如何分割，法律上没有规定。通常来说，法院裁判会遵循以下规则。

1.婚前给嫁妆，双方没有领取结婚证就取消婚约的，嫁妆应全部返还女方

通常情况下，法院认为嫁妆属于女方父母对女方一人的赠与，归女方个人所有，可以主张返还。[1]

比如，女方陪嫁了家电，双方虽共同生活但未领取结婚证，法院判决男方返还这些家电。法院认为，位于男方新房内的涉案陪嫁物品，系女方家庭出资所购，属于女方的个人财产。双方既未办理结婚登记，又未共同生活，故婚约解除后，女方的陪嫁物品理应返还陪嫁物品的出资人。[2]

2.婚前给嫁妆，双方之后领取结婚证的，嫁妆属于女方个人财产

双方领取结婚证前，女方家给女儿的存款、登记在女儿名下的车辆、全额购买且登记在女儿名下的房产、家具家电，属于女儿的个人财产。

由于法律对于嫁妆没有特殊规定，因此适用《民法典》关于夫妻个人财产以及夫妻共同财产的规定。根据《民法典》第一千零六十三条第一项的规定，一方婚前财产，属于夫妻一方的个人财产。因此，如果婚前给女儿嫁妆

---

[1]　天津市武清区人民法院（2014）武民一初字第5873号民事判决书。

[2]　江苏省无锡市中级人民法院（2015）锡民终字第169号民事判决书。

就属于女儿的个人财产。

3.双方领证后，女方父母给的嫁妆

双方领取结婚证后，女方家给女儿的存款、车辆、家具家电，除了指定只赠与女儿的之外，属于夫妻共同财产。

结婚后，小静父母全款出资10万元为女方购置了一辆宝骏560小客车。离婚时，小静主张其父母全款出资购买的车辆属于女方个人所有。小刚则认为，宝骏560小客车属于夫妻双方共同财产，应该依法予以分割。由于该车在婚后购买，法院认为，婚后由一方父母出资购买的车辆，其出资购车行为应认定为对夫妻二人的赠与行为，属于夫妻共同财产。考虑到车辆出资情况且登记在小静名下，车辆应归小静所有为宜，同时小静应给付小刚车辆折价款，本院酌定为1万元。

在双方领取结婚证后，根据《民法典》第一千零六十二条、第一千零六十三条的规定，受赠的财产原则上为夫妻的共同财产，归夫妻共同所有，除非赠与合同中明确只归一方所有。也就是说，一旦领取了结婚证，只要没有明确说明只赠与女儿，就视为赠与小夫妻两人了。

在双方领取结婚证后，女方家给女儿购买的房产，在后文会有具体分析。

4. 女方家提供装修款作为嫁妆

如果用装修款作为嫁妆，通常情况下，在离婚时，法院会询问双方对于装修价值是否申请评估，如果双方都不申请评估，并且能确定金额，那么拿到房屋产权的一方需要给对方补偿。如果双方就装修价值无法达成一致，就需要对装修的残值进行评估。

也就是说，只有在对方认为装修价值等于女方出具的装修款，完全没有贬值的情况下，女方才能拿回当时的装修款。如果对方不认可这一补偿方案，而是申请就装修残值进行评估，女方拿到的装修款就会打折扣。

二、嫁妆准备小技巧

1.婚前给嫁妆

由于嫁妆没有专门的法律规定来规范，因此嫁妆算女方婚前个人财产还是夫妻共同财产，主要看给付的时间是婚前还是婚后。婚前属于女方个人财产，婚后原则上属于夫妻共同财产，因此在小夫妻结婚登记前给出嫁妆，是最关键的一步。

2.要银行转账而不要现金支付

如果通过现金给付嫁妆，就有变成夫妻共同财产的风险。因为给付现金很难证明给付的时间、金额，如果女儿在婚后存进银行账户，就容易变成夫妻共同财产。

3.转账的时候巧用备注

不管是婚前转账还是婚后转账，在转账时应备注嫁妆、仅赠与女儿。一方面明确转账的性质是嫁妆；另一方面如果是婚后转账，通过明确约定只赠与女儿可避免嫁妆变成夫妻共同财产。

4.尽量不要购买车辆、家具或者提供装修款等容易贬值的物品

车辆、家具、装修，都有一个特点，就是买来即贬值。如果是婚前给出，作为女儿的婚前个人财产，一旦离婚，这些财产都会贬值，给女儿的保障不足。如果是婚后给出，属于夫妻共同财产，在分割的时候都会折旧，相当于女儿能拿到手的钱也是打了折扣的。

5.如果嫁妆金额可观，可以考虑以女儿的名义购房

如果家里有一定的积蓄，可以考虑以女儿的名义购房，或者和男方家庭一起共同支付购房首付款，在房产证上登记两人的名字。即便以后小两口的感情出现问题，房产证上登记了女儿的名字，她也有出资，离婚时可以争取房屋所有权，在婚姻中也更有安全感。

致伟大父母的一封信

子女即将成家，这对为人父母来说是人生中的一件大事，孩子终于要离开父母，建立自己的小家庭了。对于中国式家庭来说，一个小家庭的建立往往离不开双方父母在财力、人力上的支持，大多数父母都会倾尽所能帮助小夫妻，有了孩子之后也往往会帮忙抚养下一代。

婆媳关系、翁婿关系处理得好，对于小夫妻的关系来说，是非常有力的黏合剂。如果两代人的关系没有处理好，往往会加剧小夫妻之间的矛盾，导致夫妻关系走向结束。

以我的办案经验来看，以下三点处理好了，对于婆媳关系、翁婿关系绝对是有力的助推器。

1. 涉及双方家庭的问题，让小夫妻自己沟通解决，不要牵连双方父母

在谈婚论嫁的过程中，涉及彩礼、嫁妆、买房、买车、订酒店、举办仪式等多个环节，这些礼节牵涉到钱、不同地区的不同风俗、双方父母的观念差异，所以特别容易产生矛盾。沟通的过程中，一旦双方父母过度介入，导致小夫妻之间互相无法让步，让小事不断升级，最终无法收场。这时候父母如果能退后一步，让小夫妻自己协商处理，效果会更理想。

2. 婚后父母适当退出，对小家庭减少干预，有利于小家庭的韧性成长

对小夫妻来说，在孩子出生后的前三年，对两个人经营夫妻关系的能力是一个重大的考验，激素的变化、育儿的辛苦，以及开支的增加，都会让夫妻关系面临考验。此外，新生儿的抚育往往需要老人的帮助，两代人之间关系的协调处理，对小两口来说又是增加了一重考验。这时候，父母可以运用自己经营婚姻的智慧，以及育儿中过来人的经验帮助小夫妻渡过这一艰难时刻，帮助小家庭韧性生长。

3. 涉及重大出资，提前咨询律师，掌握主动权

孩子结婚，父母往往会出资购房、购车，倾尽所有心血。而父母所做的这一切，其实都是希望用自己辛苦的积蓄帮助孩子立足。一旦小夫妻闹离婚，在父母朴素的观念中会觉得自己一辈子的积蓄理所当然归自己一方子女，但法律规定并非一概如此。随着观念的进步，越来越多的人会在出资前咨询律师，了解父母资助买房的相关法律，学习如何保护自己及儿女的权益，从而掌握主动权。

第二篇

洞察婚姻中隐藏的风险

第一章　夫妻共同财产区分原则

第一节　你对夫妻共同财产有什么误解

普通老百姓都知道婚前财产属于个人财产，婚后财产算夫妻共同财产，可真的是这样吗？问大家以下几个问题。

1. 你在婚前全款购买的房屋，婚后出租收取的租金，属于个人财产还是夫妻共同财产？

2. 你在婚前全款购买的房屋，婚后升值200万元，升值部分属于个人财产还是夫妻共同财产？

3. 你在婚前全款300万元购买的房屋，婚后卖了，置换成一套地段很好，也价值300万元的房子。这套300万元的房子后来增值到了700万元，你在700万元的高点把房子卖出。请问，这套房子增值的400万元属于个人财产还是夫妻共同财产？

这些问题的答案我们会在后文揭晓，通过三节内容的分享，大家可以快速掌握判断婚前个人财产和婚后夫妻共同财产的方法。

一、关于夫妻共同财产的法律规定

关于夫妻共同财产的范围，本文将通过和婚前个人财产相比较的方式进行讲解。需要说明的是，自2021年1月1日起，《民法典》及《最高人民法院关于适用〈中华人民共和国民法典〉婚姻家庭编的解释（一）》施行，《民法典》施行后的法律事实引起的民事纠纷案件，需要适用《民法典》的规定。

如果是《民法典》施行前的法律事实引起的民事纠纷案件，通常还是适用当时的法律和司法解释的规定，即《婚姻法》及其三部司法解释。

本文通过新旧法条的对比帮助大家了解法律规定的变化，要知道网络上流传的一些法律问题答疑及文章，是根据《婚姻法》及其司法解释撰写的，不一定适用当下的情况，大家在了解了新旧法律规定的变化之后可以自行辨别。法律上关于夫妻共同财产范围的界定的变化如表1所示。

表1　法律上关于夫妻共同财产范围的界定的变化

《民法典》及民法典婚姻家庭编司法解释	《婚姻法》及其司法解释（已废止）	改动内容
《民法典》第一千零六十二条第一项： （一）工资、奖金、劳务报酬；	《婚姻法》第十七条第一项： （一）工资、奖金；	《民法典》增加了"劳务报酬"也属于夫妻共同财产的规定。
《民法典》第一千零六十二条第二项： （二）生产、经营、投资的收益；	《婚姻法》第十七条第二项： （二）生产、经营的收益；	《民法典》增加了"投资的收益"属于夫妻共同财产的规定。
《民法典》第一千零六十二条第三项： （三）知识产权的收益； 《最高人民法院关于适用〈中华人民共和国民法典〉婚姻家庭编的解释（一）》第二十四条和《民法典》第一千零六十二条第一款第三项规定的"知识产权的收益"，是指婚姻关系存续期间，实际取得或者已经明确可以取得的财产性收益。	《婚姻法》第十七条第三项： （三）知识产权的收益； 《最高人民法院关于适用〈中华人民共和国婚姻法〉若干问题的解释（二）》第十二条和《婚姻法》第十七条第三项规定的"知识产权的收益"，是指婚姻关系存续期间，实际取得或者已经明确可以取得的财产性收益。	不变。

续表

《民法典》及民法典婚姻家庭编司法解释	《婚姻法》及其司法解释（已废止）	改动内容
《民法典》第一千零六十二条第四项： （四）继承或者受赠的财产，但是本法第一千零六十三条第三项规定的除外； 《民法典》第一千零六十三条第三项：下列财产为夫妻一方的个人财产： （三）遗嘱或者赠与合同中确定只归一方的财产；	《婚姻法》第十七条第四项： （四）继承或赠与所得的财产，但本法第十八条第三项规定的除外； 《婚姻法》第十八条第三项：有下列情形之一的，为夫妻一方的财产： （三）遗嘱或赠与合同中确定只归夫或妻一方的财产；	将"赠与"改成"受赠"，其他内容不变。
《民法典》第一千零六十二条第五项： （五）其他应当归共同所有的财产。	《婚姻法》第十七条第五项： （五）其他应当归共同所有的财产。	不变。
《最高人民法院关于适用〈中华人民共和国民法典〉婚姻家庭编的解释（一）》第二十五条：婚姻关系存续期间，下列财产属于民法典第一千零六十二条规定的"其他应当归共同所有的财产"： （一）一方以个人财产投资取得的收益； （二）男女双方实际取得或者应当取得的住房补贴、住房公积金； （三）男女双方实际取得或者应当取得的基本养老金、破产安置补偿费。	《最高人民法院关于适用〈中华人民共和国婚姻法〉若干问题的解释（二）》第十一条：婚姻关系存续期间，下列财产属于婚姻法第十七条规定的"其他应当归共同所有的财产"： （一）一方以个人财产投资取得的收益； （二）男女双方实际取得或者应当取得的住房补贴、住房公积金； （三）男女双方实际取得或者应当取得的养老保险金、破产安置补偿费。	将"养老保险金"改成"基本养老金"，其他内容不变。

《民法典》及民法典婚姻家庭编司法解释	《婚姻法》及其司法解释（已废止）	改动内容
《最高人民法院关于适用〈中华人民共和国民法典〉婚姻家庭编的解释（一）》第二十六条：夫妻一方个人财产在婚后产生的收益，除孳息和自然增值外，应认定为夫妻共同财产。	《最高人民法院关于适用〈中华人民共和国婚姻法〉若干问题的解释（三）》第五条：夫妻一方个人财产在婚后产生的收益，除孳息和自然增值外，应认定为夫妻共同财产。	不变。
《最高人民法院关于适用〈中华人民共和国民法典〉婚姻家庭编的解释（一）》第二十七条：由一方婚前承租、婚后用共同财产购买的房屋，登记在一方名下的，应当认定为夫妻共同财产。	《最高人民法院关于适用〈中华人民共和国婚姻法〉若干问题的解释（二）》第十九条：由一方婚前承租、婚后用共同财产购买的房屋，房屋权属证书登记在一方名下的，应当认定为夫妻共同财产。	不变。
《最高人民法院关于适用〈中华人民共和国民法典〉婚姻家庭编的解释（一）》第八十条：离婚时夫妻一方尚未退休、不符合领取基本养老金条件，另一方请求按照夫妻共同财产分割基本养老金的，人民法院不予支持；婚后以夫妻共同财产缴纳基本养老保险费，离婚时一方主张将养老金账户中婚姻关系存续期间个人实际缴纳部分及利息作为夫妻共同财产分割的，人民法院应予支持。	《最高人民法院关于适用〈中华人民共和国婚姻法〉若干问题的解释（三）》第十三条：离婚时夫妻一方尚未退休、不符合领取养老保险金条件，另一方请求按照夫妻共同财产分割养老保险金的，人民法院不予支持；婚后以夫妻共同财产缴付养老保险费，离婚时一方主张将养老金账户中婚姻关系存续期间个人实际缴付部分作为夫妻共同财产分割的，人民法院应予支持。	"婚姻关系存续期间个人实际缴付部分"变更为"婚姻关系存续期间个人实际缴纳部分及利息"。

续表

《民法典》及民法典婚姻家庭编司法解释	《婚姻法》及其司法解释（已废止）	改动内容
《最高人民法院关于适用〈中华人民共和国民法典〉婚姻家庭编的解释（一）》第七十一条：人民法院审理离婚案件，涉及分割发放到军人名下的复员费、自主择业费等一次性费用的，以夫妻婚姻关系存续年限乘以年平均值，所得数额为夫妻共同财产。 前款所称年平均值，是指将发放到军人名下的上述费用总额按具体年限均分得出的数额。其具体年限为人均寿命七十岁与军人入伍时实际年龄的差额。	《最高人民法院关于适用〈中华人民共和国婚姻法〉若干问题的解释（二）》第十四条：人民法院审理离婚案件，涉及分割发放到军人名下的复员费、自主择业费等一次性费用的，以夫妻婚姻关系存续年限乘以年平均值，所得数额为夫妻共同财产。 前款所称年平均值，是指将发放到军人名下的上述费用总额按具体年限均分得出的数额。其具体年限为人均寿命七十岁与军人入伍时实际年龄的差额。	不变。

二、夫妻共同财产解读

1. 夫妻在婚姻关系存续期间获得的工资、奖金、劳务报酬

除了工资、奖金之外，《民法典》增加了"劳务报酬"也属于夫妻共同财产的规定。劳务报酬是指除了工资、奖金之外，通过兼职或其他非固定工作获得的报酬，如讲课费、兼职博主获取的报酬等。

2. 夫妻在婚姻关系存续期间获得的生产、经营、投资的收益

《民法典》明确规定，投资收益也属于夫妻共同财产。投资收益包括股票、证券、期货等投资产生的收益。

3. 夫妻在婚姻关系存续期间获得的知识产权的收益

知识产权的收益，是指婚姻关系存续期间，实际取得或者已经明确可以取得的财产性收益。

举个例子，如果作者的手稿、字画、设计稿等在离婚时还没有出版或未被采用，那它就仅仅是属于夫妻一方的精神财富，离婚时应归创作者所有。但创作过程是在婚姻关系存续期间进行的，而夫妻一方从事创作，离不开配偶的支持和帮助，因此在分割夫妻共同财产时，可根据具体情况，对另一方予以适当的照顾。①

4. 夫妻在婚姻关系存续期间继承或受赠的财产

婚姻关系存续期间继承或者受赠的财产，原则上属于夫妻共同财产，除非遗嘱或者赠与合同约定其只归一方所有。继承事实发生在婚姻关系存续期间的，即使婚内没有进行遗产分割，离婚后才进行财产分割的，配偶依然有权主张继承的财产为夫妻共同财产。

也就是说，如果父母希望去世后把房产只留给自己的子女，不包括其配偶，在子女已婚的情况下，就需要通过立遗嘱或者签署赠与协议表明房产由子女继承或只赠与子女的意思，否则法律默认婚姻关系存续期间继承或者受赠的财产属于夫妻共同财产。

5. 一方个人财产在婚后产生的收益

婚前个人财产在婚后也可能会产生多种收益，包括生产经营性收益、投资收益、知识产权收益、孳息、自然增值等。比如，婚前存款在结婚后产生的利息、婚前持有的股票在结婚后产生的收益、婚前全款购买的房产在结婚后出租产生的租金收益，婚前的房产在结婚后增值了300万元。婚前个人财产在结婚后产生的收益，如果体现了夫妻共同劳动价值的，收益属于夫妻共同所有，而和劳动无关的，增值部分则属于个人所有。这些收益中，只有孳息和自然增值属于个人财产，其他都属于夫妻共同财产。

孳息包括自然孳息和法定孳息两种。自然孳息是指依照物的自然性质产生的收益物，如苹果树上自然生长出的苹果，母牛生出来的小牛。法定孳息

---

① 最高人民法院民法典贯彻实施工作领导小组主编：《中华人民共和国民法典婚姻家庭编继承编理解与适用》，人民法院出版社2020年版，第153页。

是依照法律规定产生的收益，如银行存款产生的利息。自然增值，简单来说，就是和个人意志无关的价值波动，如金价上涨、房价上涨等。

但如果果树、母牛由双方共同劳动、管理，该果树所结的果实、母牛生出的小牛就属于夫妻共同财产。从我国现有法律规定的内容来看，将"因耕作而获得的果实"归于生产、经营性收益，可能更为合理合法。[①]

6. 双方实际取得或者应当取得的住房补贴、住房公积金

在婚姻关系存续期间取得的住房补贴和住房公积金，属于夫妻共同财产。但离婚并不是提取住房公积金的事由，因此在离婚诉讼或协议离婚的过程中，应该由持有金额高的一方给予对方相应的补偿。

7. 双方实际取得或者应当取得的破产安置补偿费

破产安置补偿费是指企业破产时，通过政府补贴、民政救济和社会保障等渠道发给破产企业职工的安置费用。这笔费用属于夫妻共同财产。

8. 房产的归属情况

由一方婚前承租、婚后用共同财产购买的房屋，登记在一方名下的房产属于夫妻共同财产；即使登记在一方名下，但是购房出资使用的是夫妻共同财产的，该房产依然属于夫妻共同财产。

9. 基本养老保险费的归属情况

结婚后以夫妻共同财产缴纳基本养老保险费，养老金账户中婚姻关系存续期间个人实际缴纳部分及利息属于夫妻共同财产。很多人不知道养老金自缴部分如果系使用夫妻共同财产缴纳，则养老金自缴部分本息均可以作为夫妻共同财产在离婚时进行分割。养老保险费用通常可以通过向法院申请调查令，去社会保险基金管理中心调取社会保险个人权益信息单获取。

10. 复员费及自主择业费的归属情况

发放到军人名下的复员费、自主择业费等一次性费用，以夫妻婚姻关系存续年限乘以年平均值，所得数额为夫妻共同财产。

---

① 吴晓芳：《〈婚姻法〉司法解释（三）适用中的疑难问题》，载《法律适用》2014年第1期。

夫妻共同财产范围思维导图如图1所示。

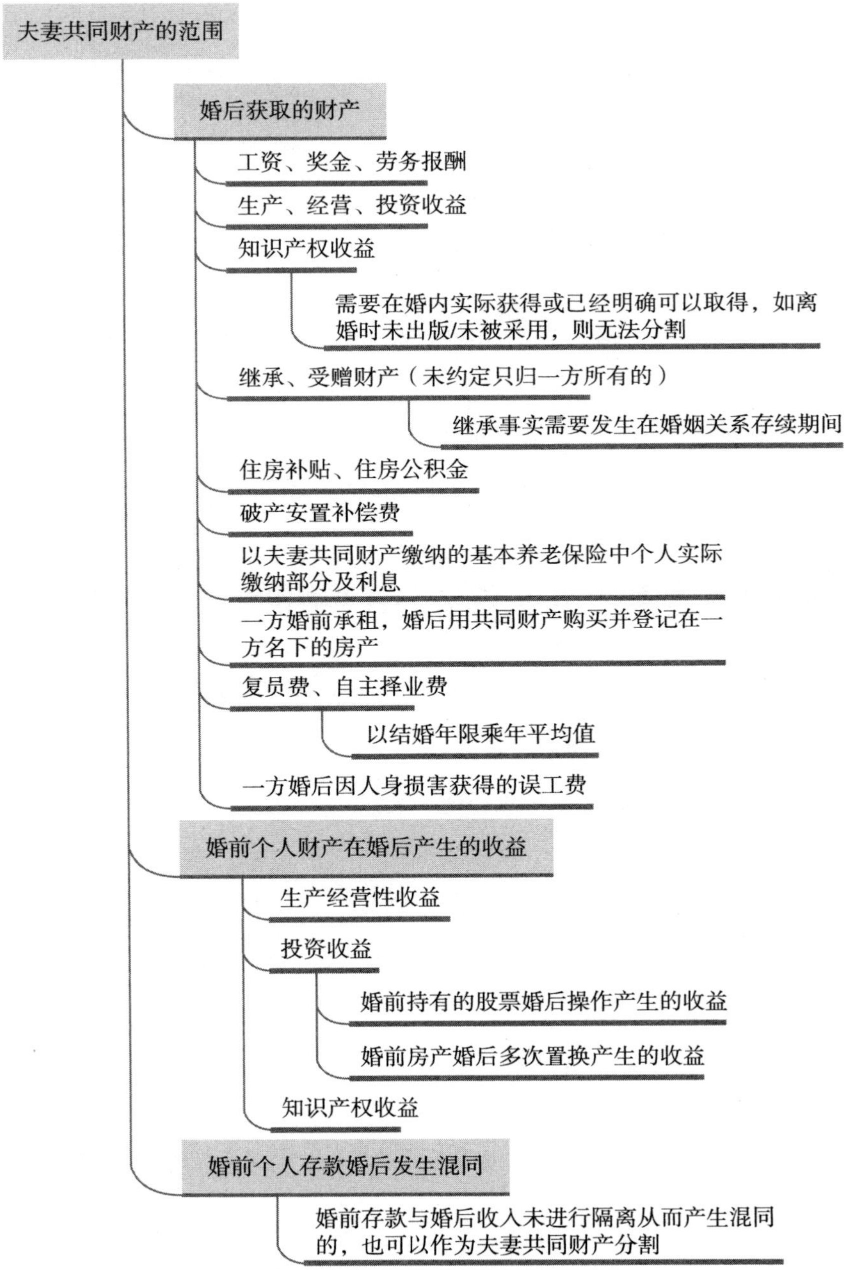

夫妻共同财产的范围

　　婚后获取的财产

　　　工资、奖金、劳务报酬

　　　生产、经营、投资收益

　　　知识产权收益

　　　　　需要在婚内实际获得或已经明确可以取得，如离婚时未出版/未被采用，则无法分割

　　　继承、受赠财产（未约定只归一方所有的）

　　　　　继承事实需要发生在婚姻关系存续期间

　　　住房补贴、住房公积金

　　　破产安置补偿费

　　　以夫妻共同财产缴纳的基本养老保险中个人实际缴纳部分及利息

　　　一方婚前承租，婚后用共同财产购买并登记在一方名下的房产

　　　复员费、自主择业费

　　　　　以结婚年限乘年平均值

　　　一方婚后因人身损害获得的误工费

　　婚前个人财产在婚后产生的收益

　　　生产经营性收益

　　　投资收益

　　　　　婚前持有的股票婚后操作产生的收益

　　　　　婚前房产婚后多次置换产生的收益

　　　知识产权收益

　　婚前个人存款婚后发生混同

　　　婚前存款与婚后收入未进行隔离从而产生混同的，也可以作为夫妻共同财产分割

图1　夫妻共同财产范围思维导图

法条链接

《中华人民共和国民法典》

第一千零六十二条 夫妻在婚姻关系存续期间所得的下列财产，为夫妻的共同财产，归夫妻共同所有：

（一）工资、奖金、劳务报酬；

（二）生产、经营、投资的收益；

（三）知识产权的收益；

（四）继承或者受赠的财产，但是本法第一千零六十三条第三项规定的除外；

（五）其他应当归共同所有的财产。

夫妻对共同财产，有平等的处理权。

《最高人民法院关于适用〈中华人民共和国民法典〉婚姻家庭编的解释（一）》

第二十五条 婚姻关系存续期间，下列财产属于民法典第一千零六十二条规定的"其他应当归共同所有的财产"：

（一）一方以个人财产投资取得的收益；

（二）男女双方实际取得或者应当取得的住房补贴、住房公积金；

（三）男女双方实际取得或者应当取得的基本养老金、破产安置补偿费。

第二十六条 夫妻一方个人财产在婚后产生的收益，除孳息和自然增值外，应认定为夫妻共同财产。

第二十九条 当事人结婚前，父母为双方购置房屋出资的，该出资应当认定为对自己子女个人的赠与，但父母明确表示赠与双方的除外。

当事人结婚后，父母为双方购置房屋出资的，依照约定处理；没有约定或者约定不明确的，按照民法典第一千零六十二条第一款第四项规定的原则处理。

第三十条　军人的伤亡保险金、伤残补助金、医药生活补助费属于个人财产。

第三十一条　民法典第一千零六十三条规定为夫妻一方的个人财产，不因婚姻关系的延续而转化为夫妻共同财产。但当事人另有约定的除外。

第二节　你以为你的婚前财产就是你的个人财产吗

一、法律关于个人财产的规定对比

上一节我们分享了什么是夫妻共同财产，这一节我们来看看什么是个人财产。《民法典》及其司法解释与《婚姻法》及其司法解释关于个人财产范围的界定对比如表2所示。

表2　法律上关于个人财产范围界定的规定及变化

《民法典》及民法典婚姻家庭编司法解释	《婚姻法》及其司法解释（均已废止）	改动内容
《民法典》第一千零六十三条第一项： （一）一方的婚前财产；	《婚姻法》第十八条第一项： （一）一方的婚前财产；	不变。
《民法典》第一千零六十三条第二项： （二）一方因受到人身损害获得的赔偿或者补偿；	《婚姻法》第十八条第二项： （二）一方因身体受到伤害获得的医疗费、残疾人生活补助费等费用；	将人身伤害获得的"医疗费、残疾人生活补助费等费用"扩展至"获得的赔偿或者补偿"。
《民法典》第一千零六十三条第三项： （三）遗嘱或者赠与合同中确定只归一方的财产；	《婚姻法》第十八条第三项： （三）遗嘱或赠与合同中确定只归夫或妻一方的财产；	不变。
《民法典》第一千零六十三条第四项： （四）一方专用的生活用品；	《婚姻法》第十八条第四项： （四）一方专用的生活用品；	不变。
《民法典》第一千零六十三条第五项： （五）其他应当归一方的财产。	《婚姻法》第十八条第五项： （五）其他应当归一方的财产。	不变。

续表

《民法典》及民法典婚姻家庭编司法解释	《婚姻法》及其司法解释（均已废止）	改动内容
《最高人民法院关于适用〈中华人民共和国民法典〉婚姻家庭编的解释（一）》第三十条：军人的伤亡保险金、伤残补助金、医药生活补助费属于个人财产。	《最高人民法院关于适用〈中华人民共和国婚姻法〉若干问题的解释（二）》第十三条：军人的伤亡保险金、伤残补助金、医药生活补助费属于个人财产。	不变。

二、关于个人财产的具体解读

根据法律规定，以下财产属于夫妻一方的个人财产。

1. 一方的婚前财产

一方的婚前财产是以进行结婚登记为界限，在领取结婚证之前的财产属于夫妻一方婚前个人财产，不因为结婚而转化为夫妻共同财产。婚前财产建议和婚后财产进行隔离，否则经过数年漫长的婚姻，婚前财产和婚后财产很容易发生混同且难以区分。

2. 一方因受到人身损害获得的赔偿或者补偿

一方遭受人身损害的，获得的赔偿范围包括医疗费、护理费、交通费、营养费、住院伙食补助费等为治疗和康复支出的合理费用，以及因误工减少的收入。残疾的，应当获得对方赔偿的辅助器具费和残疾赔偿金；死亡的，还应当获得对方赔偿的丧葬费和死亡赔偿金。

其中和人身损害相关的，属于个人财产，但因为受到人身损害获得的误工费，如收入对应的是婚姻关系存续期间，应属于夫妻共同财产。[1]

3. 遗嘱或者赠与合同中确定只归一方的财产

如果继承事实或者赠与发生在婚姻关系存续期间，遗嘱或者赠与没有特

---

[1]　最高人民法院民法典贯彻实施工作领导小组主编：《中华人民共和国民法典婚姻家庭编继承编理解与适用》，人民法院出版社2020年版，第157页。

殊说明的，默认归夫妻双方共同所有。只有在遗嘱或者赠与合同明确指定为夫妻一方所有时，才被视为一方个人财产。

4. 一方专用的生活用品

一方专用的生活用品，如护肤品、衣服等价值不大的物品，一般属于一方个人财产。但法律界对于一方购买的贵重首饰、手表、奢侈品等，是属于一方专用的生活用品还是属于夫妻共同财产，是存在争议的。

如果是为结婚购买的"三金"，通常会被认定为彩礼，适用关于彩礼的规定。即如果是为了结婚而购买的"三金"，符合以下条件的，应予以返还：（一）双方未办理结婚登记手续的；（二）双方办理结婚登记手续但确未共同生活的；（三）婚前给付并导致给付人生活困难的。适用前款第二项、第三项的规定，应当以双方离婚为条件。

如果金饰是婚后购买，且具备明显的性别特征，如女性专用的项链或男士戒指，司法实践中有不同的看法。一种观点认为，其属于一方专用生活用品，即一方个人财产，离婚时归该方所有且无须给对方补偿。另一种观点认为，其属于夫妻共同财产，持有饰品的一方需要给对方补偿。

比如，在李南与林娜离婚纠纷一案中，李南在婚前购买的女式铂金链一条（价值2万元），法院认为虽然为李南领取结婚证后赠与林娜，但因具有明显的女性专用生活用品的特征，且赠与对象明确，应属于林娜个人财产，林娜无须给李南补偿款。但在另一判例中，男方在婚姻关系存续期间购买的千足金项链一条、千足金戒指二枚，合计9343元，法院认为饰品在夫妻关系存续期间购买，应当作为夫妻共同财产予以分割，女方应给付男方金银首饰补偿款4671元。

5. 军人的伤亡保险金、伤残补助金、医药生活补助费属于个人财产

此处的医药生活补助费系指发放给带有慢性病复员军人的医药补助和生活补助。

6. 夫妻一方个人财产在婚后产生的孳息和自然增值

如上一节文章所述，孳息和自然增值都不体现双方的劳动努力，因此个

人财产在婚后产生的孳息和自然增值部分，依然属于个人财产。

夫妻一方个人财产的范围如图2所示。

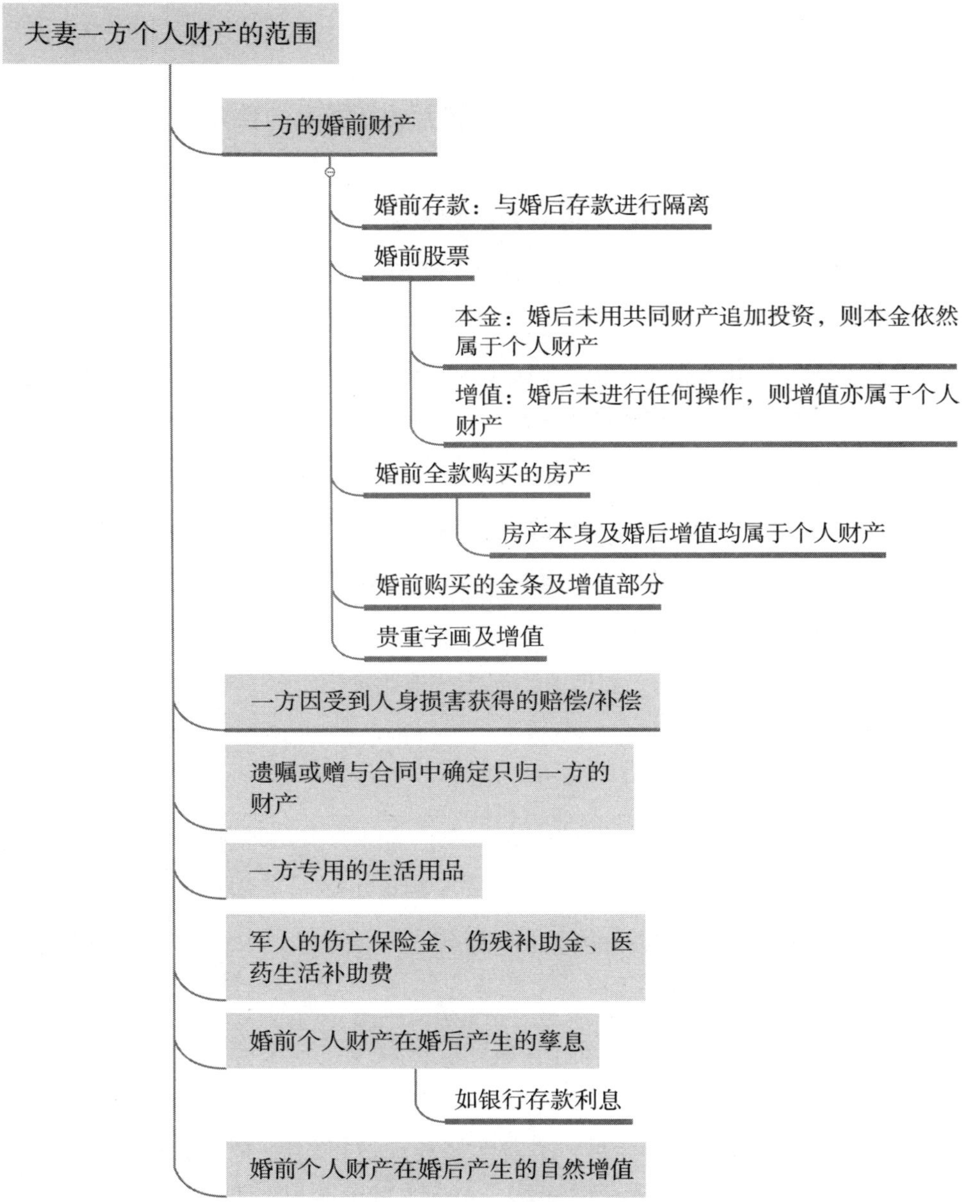

夫妻一方个人财产的范围

一方的婚前财产

婚前存款：与婚后存款进行隔离

婚前股票

本金：婚后未用共同财产追加投资，则本金依然属于个人财产

增值：婚后未进行任何操作，则增值亦属于个人财产

婚前全款购买的房产

房产本身及婚后增值均属于个人财产

婚前购买的金条及增值部分

贵重字画及增值

一方因受到人身损害获得的赔偿/补偿

遗嘱或赠与合同中确定只归一方的财产

一方专用的生活用品

军人的伤亡保险金、伤残补助金、医药生活补助费

婚前个人财产在婚后产生的孳息

如银行存款利息

婚前个人财产在婚后产生的自然增值

图2　夫妻一方个人财产范围思维导图

第三节　如何区分夫妻共同财产和个人财产

揭晓答案的时刻到了。

你在结婚前全款购买的房屋，在结婚后出租获取的租金，属于个人财产还是夫妻共同财产？

答案是，婚后取得的租金属于夫妻共同财产。

你在结婚前全款购买的房屋，婚后升值200万元，升值部分属于个人财产还是夫妻共同财产？

答案是，房屋增值的200万元属于一方个人财产。因为这200万元属于自然增值，一方个人财产在婚后产生的自然增值，依然属于个人财产。

你婚前全款300万元购买的房屋，婚后卖了，置换成一套地段很好，也价值300万元的房子。这套300万元的房屋后来增值到了700万元，你在700万元的高点把房子卖出。请问，这套房子增值的400万元属于个人财产，还是属于夫妻共同财产？

答案是，房屋400万元的增值，属于一方婚前财产婚后投资所得，属于夫妻共同财产，需要分给配偶一半。

你答对了吗？

你可能感到好奇，都是婚前个人财产，为什么有的增值属于夫妻共同所有，有的却属于个人所有呢？大部分情况都可以用一个简单的规则来判断，即如果财产体现了夫妻共同的劳动价值，归共同所有。不需要劳动即可获得的，依然归个人所有。

比如，炒股、租房，以及婚后投资性出售房产，都需要投入时间精力，需要研究大盘、K线图，需要联系租户、对房屋有问题的地方进行维修。一方在进行这些投资行为时，另一方都需要相应地投入更多精力照顾家庭，因此这部分收益体现了双方的劳动价值，由双方共同所有更为合理。

相应地，增值部分无法体现双方共同劳动的，就属于一方所有。常见的情况就是孳息和自然增值。因此，法律规定婚前财产在婚后产生的孳息和自然增值，依然归个人所有。

这个规则体现了法律既不会让人劳而无功，也不会让人不劳而获的精神。法律不能保障爱情永不消退，只能让我们在失去爱情的时候，可以获得财产上的公平。

法条链接

《中华人民共和国民法典》

第一千零六十三条　下列财产为夫妻一方的个人财产：

（一）一方的婚前财产；

（二）一方因受到人身损害获得的赔偿或者补偿；

（三）遗嘱或者赠与合同中确定只归一方的财产；

（四）一方专用的生活用品；

（五）其他应当归一方的财产。

第一千一百七十九条　侵害他人造成人身损害的，应当赔偿医疗费、护理费、交通费、营养费、住院伙食补助费等为治疗和康复支出的合理费用，以及因误工减少的收入。造成残疾的，还应当赔偿辅助器具费和残疾赔偿金；造成死亡的，还应当赔偿丧葬费和死亡赔偿金。

《最高人民法院关于适用〈中华人民共和国民法典〉婚姻家庭编的解释（一）》

第二十九条　当事人结婚前，父母为双方购置房屋出资的，该出资应当认定为对自己子女个人的赠与，但父母明确表示赠与双方的除外。

当事人结婚后，父母为双方购置房屋出资的，依照约定处理；没有约定或者约定不明确的，按照民法典第一千零六十二条第一款第四项规定的原则处理。

第三十条 军人的伤亡保险金、伤残补助金、医药生活补助费属于个人财产。

第三十一条 民法典第一千零六十三条规定为夫妻一方的个人财产，不因婚姻关系的延续而转化为夫妻共同财产。但当事人另有约定的除外。

第二章　工作与家庭的动态平衡

第一节　全职之路能不能选

对于女生在结婚后要不要做全职太太，网上存在完全不同的观点。一种观点认为，全职太太有可能面临离婚的情形，并在离婚后一无所有，女生一定要掌握自己的命运，不能把命运交给别人。另一种观点则认为，工作的压力很大，做全职太太能更好地陪伴和照顾孩子。何况很多夫妻的感情基础很好，做全职太太也是一种选择。

两种观点都有自己的道理，并且不存在对错之分。我建议大家在做选择之前清晰地知晓利弊，并且遵从自己的内心选择，而不是在家人、配偶的要求下作出违背内心意愿的选择。

女生在结婚后选择做全职太太的理由通常有以下三种。

一是在孩子幼年时期提供更好的照顾。有很多家庭，老人无法帮忙照顾孩子，而保姆单独带孩子又不放心，这时候如果女方能够陪伴孩子成长，确实能让孩子得到更好的照顾。很多全职妈妈确实把孩子养育得非常棒，家里也安置得井井有条。

二是逃避职场压力。职场的确会给人带来压力，过量的工作内容、复杂的人际关系，让很多人都会产生逃离的念头。当有选择上班或者不上班的自由时，有一部分女性会选择做全职太太。

三是家庭资源合理配置。尽管两个人的事业可能都很成功，但是终归需要有一个人把更多的精力放在家庭上，这时候往往女性会成为回归家庭的一方。

每个家庭的情况都不同，大家可以选择自己想要的生活方式。作为律师，我建议你在作出选择前考虑好是否会出现以下风险。

第一，感情发生变化时，缺少谈判筹码。很多人认为如果对方的收入完全上交可以降低自己作为全职太太的风险。但这一切都是在双方感情没出问题的前提下，一旦感情有问题，收入高的一方会有更多的掌控权，简单地更换一张工资卡或者隐瞒创业收入，全职一方就会陷入被动。要知道，离婚诉讼中，只有在你能提供对方具体银行卡号的情况下，才能申请法院调查对方的银行存款余额及明细。如果对方在离婚诉讼期间离职，或者对方是自由职业，收入不稳定且收款方式隐蔽，作为全职的一方能争取到的夫妻共同存款及抚养费金额会存在很大变数。

第二，缺乏社会关系为支撑，抵抗婚姻变化的能力更差。一旦婚姻发生变化，不仅由于收入问题在离婚谈判中处于劣势，也会由于缺乏社会关系的支撑，更难走出离婚带来的负面影响。一个人拥有的社会关系越多，抗风险能力就越强。即使婚姻出了问题，但是你还有工作，还有父母、朋友作为支撑，那么你的心里就还有底气。如果一个人只有婚姻，当婚姻出了问题，就难以逃离困境。

作为律师，一般不会向客户给出是否离婚的建议。我唯一建议目前不要离婚的客户是一位全职妈妈。为了陪伴孩子，她已经在家五年了，但是这几年因为经济问题，她和老公争吵不断，现在老公经常不回家，并且提出了离婚。这位客户本来是想同意离婚的，但经过沟通，我发现她没有自己的住处、没有工作收入，几乎没有可以争取的夫妻共同财产，因为房产和车辆都是男方婚前财产且全款无贷，这时候突然离婚，她需要面临重新求职、独立抚养还在上幼儿园的孩子、租房以及离婚四个难题，不只是对她，对任何一个人来说都太难了。但如果先不离婚，起码可以给自己争取到半年的缓冲期。这半年内，她可以重新适应新的岗位，有一份稳定的收入，如果发展得不错，说不定也可以争取到孩子的抚养权，而且半年后两人的婚姻说不定会有新的转机。

第三，没有稳定工作在争取抚养权时是一个不利因素。在双方都想要争取孩子抚养权的情况下，如果孩子的年龄在2岁到8岁，也就是说，既不是基本归妈妈抚养的2岁以下，也不是8岁以上能自己表态跟爸爸还是跟妈妈的阶段，妈妈是否有稳定的工作是决定其能否争取到抚养权的关键因素。

其实，所有的选择都是一体两面的，享受了好的一面，就要承担相应的风险。希望每个人在享受家庭带来的温暖、幸福的同时，也能拥有让自己随时再出发的能力。

第二节　生育对婚姻的影响

生命的孕育是一件美好的事情，但同时也是考验两人感情的放大器。孩子的出生，相伴着家务的增加、开支的增长、激素的变化以及老人的加入，对家庭关系的处理是一个重大挑战。

在我经手的案件中，夫妻双方关于子女的矛盾多数集中在育儿理念的差异、消费观念的不同、隔代育儿理念的差异、因育儿引发的长辈和配偶之间的冲突这几个方面。比如，一方认为孩子应该上公立幼儿园，学费压力小，师资也有保障；另一方则认为孩子应该上学费较高的私立幼儿园，师生配比合理，育儿理念先进，而且对孩子的照顾更周到。双方在观念上的差异会体现在生活的方方面面，一旦处理不好，因为这些琐事走向离婚的夫妻不在少数。

根据最高人民法院的统计报告，在全国离婚纠纷一审审结案件中，婚后两年至七年为婚姻破裂的高发期。[①] 婚后两年至七年也是夫妻的生育高峰，这也说明生育对婚姻来说确实是一个考验。为了减少生育后面临的冲突，在决定生育前，除了考虑生理年龄、身体状况，还有一些因素也需要你提前考虑。

第一，家庭沟通机制是否顺畅。两个人是否明确生育对于家庭结构、精力分配、经济压力带来的影响并能作出合理安排，对家务的分工以及长辈关系的协调，都需要两个人能设身处地地为对方着想并善于沟通解决问题。

第二，经济基础。孩子的出生不仅占用父母的精力，还会带来巨大的开支压力。在决定生育前，需要提前进行相应的储蓄规划，避免因经济压力增大带来过大压力。

第三，育儿的人力安排。孩子出生后，是长辈过来帮忙带孩子，还是夫

---

① 最高院发布《司法大数据离婚纠纷专题报告》，https://www.sohu.com/a/226362 543_99979239，最后访问日期：2023年1月14日。

妻俩自己带，一方是否需要全职育儿。对于全职育儿的一方需要提前沟通好育儿期间的费用开支如何支付、全职的时间多久、恢复工作之后的育儿人力安排。

　　总之，孩子的到来会丰富我们的人生体验，收获晋升为父母的快乐，但也需要我们积累更多的人生智慧去平衡孩子带来的挑战。

第三篇

离婚房产分割的
重点及难点

第一章　父母出资，婚前买房怎么分

一、父母在子女结婚前为其出资购房的法律条文解读

房产价值较高，父母为了资助小夫妻买房往往会拿出毕生积蓄，因此也格外关心小夫妻万一离婚，自己的出资能不能拿回来。

鉴于我国的风俗习惯，父母出资买房往往不愿意白纸黑字约定得很清楚，但又希望万一小夫妻感情破裂，自己家庭的利益不受损失。因此，在没有约定或者约定不明的时候，父母的出资究竟应视为只对自己子女一方的赠与还是对夫妻双方的赠与，就非常关键了。

《民法典》及其司法解释针对父母出资买房的情况按子女婚前和婚后两个阶段进行了区别规定。婚前出资，默认是对自己子女的赠与，即该部分出资属于小夫妻一方的个人财产，离婚时配偶无权要求分割。这和《婚姻法》及其司法解释的规定是一致的。法律上关于婚前父母出资购房的规定及变化如表3所示。

表3　法律上关于婚前父母出资购房的规定及变化

《民法典》及民法典婚姻家庭编司法解释	《婚姻法》及其司法解释（已废止）	解读
《最高人民法院关于适用〈中华人民共和国民法典〉婚姻家庭编的解释（一）》的规定，第二十九条第一款：当事人结婚前，父母为双方购置房屋出资的，该出资应当认定为对自己子女个人的赠与，但父母明确表示赠与双方的除外。	《最高人民法院关于适用〈中华人民共和国婚姻法〉若干问题的解释（二）》第二十二条第一款：当事人结婚前，父母为双方购置房屋出资的，该出资应当认定为对自己子女的个人赠与，但父母明确表示赠与双方的除外。	关于结婚前父母出资购房的性质，无变化。

二、父母在子女结婚前资助其买房的款项性质分析

父母在子女结婚前为其购买不动产支付首付款的情况非常常见。对于仅有一方父母出资的情形，当房产登记在出资方子女一人名下时，双方如没有另外约定，父母的出资视为对自己子女一人的赠与。如果婚后使用夫妻共同财产还房贷，在离婚时双方可以协商解决，如果无法协商解决的，通常会判决房产归登记一方所有，配偶可以分割双方婚后共同还贷支付的款项及其相对应的增值部分。

当房产登记在非出资方名下，或者登记在双方名下时，情况会复杂很多。当登记在非出资方一人名下时，父母的出资一般认定为对小夫妻双方的赠与。因为按照常理推测，父母出资购房，不可能不赠与自己的子女一方。即使房产只登记在非出资方名下，在没有证据表明仅赠与非出资方的情况下，出资视为赠与小夫妻双方。如果登记在双方名下，双方办理房产登记时约定共同共有或者按份共有的，按照约定享有产权；双方对共有方式没有约定的，则父母的出资视为对己方子女个人的赠与。父母出资的一方在离婚确定房产分割比例时，会适当予以多分。

当双方父母均有出资，在没有贷款时，如果双方明确约定各自的份额，则按照约定的份额共有；如果没有约定份额或者约定不明确的，双方按照各自父母出资份额按份共有。父母的出资分别视为对各自子女的赠与。如果涉及房贷，情况会更为复杂，具体可以看下文分析。

房屋权属的界定需要结合出资情况、房产登记情况、书面协议及微信、短信、电话中的意思表示等多种因素综合判断，并考虑妇女、儿童的利益，因此难以简单给出结论。本文为了方便大家进行初步判断，对于相关要素予以简化。如涉及诉讼，建议将证据提交律师进行个案判断。

三、父母在子女结婚前资助其买房的具体情况解读

1. 一方父母全额出资，登记在出资方子女名下

如果是领证之前，一方父母全款出资买房的，根据《最高人民法院关于适用〈中华人民共和国民法典〉婚姻家庭编的解释（一）》第二十九条第一款的规定："当事人结婚前，父母为双方购置房屋出资的，该出资应当认定为对自己子女个人的赠与，但父母明确表示赠与双方的除外。"

也就是说，在子女结婚前，父母出全款买房，登记在自己子女名下的，购房款属于对自己子女一人的赠与，房屋产权属于自己子女单独所有。这一点，《民法典》的规定和之前的《婚姻法》及其司法解释是一致的。

2. 一方父母全额出资，登记在对方子女名下

一方父母在子女结婚前全款出资买房，登记在对方子女名下，这种情况下房子算小夫妻两人共同所有，还是归登记方一人所有？实际生活中，出于限购政策等情况，往往会出现一方出资，而房屋登记在另一方名下的情况，当发生离婚纠纷时，双方对于房屋的权属就会产生争议。

对于一方父母全额出资买房，登记在对方子女名下的情况，一般情况下房产会被认定为夫妻共同财产，非登记方有权要求分割房屋，父母明确表示赠与登记方一人或双方另有相反约定的除外。如果有证据表明父母赠与登记方一人，则属于登记方个人财产，如果父母的真实意思并非仅赠与一人，也没有其他约定，该出资可以认定为对子女双方的赠与，该不动产可以认定为共同共有。

江苏省高级人民法院民一庭在《家事纠纷案件审理指南(婚姻家庭部分)》第三十七条第（2）点明确："一方父母出全资购置的不动产，无论该出资行为发生在婚前还是婚后，所有权登记在子女双方名下或者另一方子女名下，该出资可以认定为对子女双方的赠与，该不动产可以认定为共同共有。"尽管《民法典》修改了关于婚后父母资助买房的规定，但是婚前父母资助买房并无变化，因此该指南的规定仍有参考价值。

3. 一方父母全额出资，登记在双方子女名下

一方父母全额出资在子女结婚前买房且登记在双方子女名下的，在无其他约定的情况下，房产属于夫妻共同财产，双方约定共同共有或者按份共有的，按照约定比例享有产权，[①]适当考虑出资情况。一方父母的出资亦视为对双方的赠与。

一方父母全额出资在子女结婚前买房的，登记在双方子女名下仅指购房后直接登记在双方子女名下的情形，而不包括父母出资买房，房产登记在自己子女名下，自己子女再给对方加名的情况。

对于房产登记在自己子女名下，自己子女再给对方加名的，父母的出资视为对自己子女一人的赠与，子女在接受父母的赠与之后，自愿加上对方的名字且完成变更登记，应视为子女将房屋的部分权益赠与对方，在完成产权登记手续后，无法撤销赠与。

4. 一方父母支付房屋首付款，婚后由小夫妻自行还贷，登记在出资方子女名下

一方父母出首付且房子登记在自己子女名下，在没有其他约定的情况下，首付款视为对自己子女的赠与。在离婚时，房屋归属由双方协商解决，无法协商的，一般会将房屋判归登记方所有，并由其继续偿还房屋贷款。对于婚姻关系存续期间使用了夫妻共同财产支付的房贷及增值部分，属于夫妻共同财产，非登记方可以主张分割。

5. 一方父母支付房屋首付款，婚后由小夫妻自行还贷，登记在对方子女名下

这种情况下，父母的出资一般认定为对夫妻双方的赠与。因为按照常理推测，父母出资购房，不可能不赠与自己的子女一方。即使房产只登记在一方名下，在没有证据表明仅赠与登记方的情况下，依然属于双方共有。对于婚姻关系存续期间使用了夫妻共同财产支付的房贷及增值部分，属于夫妻共

[①]　黄蓓、孙路路：《离婚后财产纠纷案件的审理思路和裁判要点类案裁判方法》，载上海一中法院公众号，最后访问日期：2023年1月27日。

同财产，非登记方可以主张分割。

6. 一方父母支付房屋首付款，婚后由小夫妻自行还贷，登记在双方子女名下

《最高人民法院关于适用〈中华人民共和国民法典〉婚姻家庭编的解释（一）》第二十九条第一款规定："当事人结婚前，父母为双方购置房屋出资的，该出资应当认定为对自己子女个人的赠与，但父母明确表示赠与双方的除外。"而房屋登记在双方名下是否意味着父母明确表示将出资赠与双方？

对于一方父母婚前支付房屋首付款，婚后由小夫妻自行还贷，登记在双方子女名下的情形，房产属于夫妻共同财产。关于房产分割比例，一种观点认为，如果双方约定了共有方式及各自份额，则按照约定分割。如果没有约定份额，则通常平均份额，但会考虑出资情况。比如，上海市第一中级人民法院黄蓓、孙路路法官认为："对于婚前一方父母支付首付款的房产，如果婚前登记在夫妻双方名下，双方约定共同共有或者按份共有的，按照约定享有产权；双方对共有方式没有约定的，则父母的出资视为对己方子女个人的赠与，父母明确表示赠与双方的，亦应在确定分割比例时对父母的出资进行酌情考量。"[①]

另一种观点认为，父母出资所对应的房产份额应该为出资方子女个人所有，其余部分作为夫妻共同财产分割。比如，在一个案件中，小夫妻婚前签署购房合同，房屋总金额1433360元，首付款583360元，房产预告登记在双方名下。其余购房款由小夫妻共同申请贷款支付，贷款金额85万元。购房首付款由一方父母出资，婚前向开发商支付购房款433360元，婚后又向开发商支付150000元并提前返还讼争房商业贷款246999.44元。

该案中，法院对于房产份额的计算方式为：一方父母婚前支付的购房款共计433360元系对其子女的个人赠与，该部分款项所购得的房产份额应为出资方子女个人所有，该部分房产份额为30.23%（433360元/1433360元），其

---

① 黄蓓、孙路路：《离婚后财产纠纷案件的审理思路和裁判要点类案裁判方法》，载上海一中法院公众号，最后访问日期：2023年2月12日。

余房产份额即69.77%的份额为夫妻共同财产，双方各享有一半即34.885%的份额。也就是说，一方享有该房产34.885%的份额，另一方享有该房产65.115%的份额。①

7. 双方父母均出资，无贷款，登记在夫妻一方名下

对于这种情况，北京市第一中级人民法院家事审判庭认为，应探寻登记在一方名下的本意，是赠与登记方还是出于其他原因，如贷款政策、限购政策等。如果登记在一方名下的真实意思是赠与该一人，则房产为登记方个人财产。②如果父母的真实意思不是赠与登记方一人，而是由于限购等原因不得不登记在一方名下，则各方父母的出资属于对各自子女的赠与，离婚时房产可以认定为双方按照各自父母出资份额按份共有。

最高人民法院民事审判第一庭在《最高人民法院婚姻法司法解释（三）理解与适用》一书中也持上述观点，江苏省高级人民法院民一庭于2019年7月18日发布的《家事纠纷案件审理指南（婚姻家庭部分）》亦作出了同样的规定：婚前双方父母共同出全资购置的不动产，所有权无论是登记在一方子女还是子女双方名下，该出资可以认定为父母对各自子女的赠与，该不动产可以认定为双方按照各自父母出资份额按份共有。尽管《最高人民法院婚姻法司法解释（三）理解与适用》和江苏高院的指南是根据已经废止的《婚姻法》及其司法解释书写和制定的，但《民法典》关于父母婚前资助买房的规定和此前的《婚姻法》司法解释相比没有变化，因此这一规定仍然具有参考意义。

8. 双方父母均出资，无贷款，登记在夫妻双方名下

如果双方明确约定各自的份额，则按照约定的份额共有，如果没有约定份额或者约定不明确的，双方按照各自父母出资份额按份共有。父母的出资分别视为对各自子女的赠与。

---

① 福建省福州市中级人民法院（2020）闽01民终3391号民事判决书。

② 北京一中院家事审判：《北京一中院离婚房产分割情况汇总（二）：婚前父母出资购房》，载法暖家事公众号，最后访问日期：2023年1月27日。

即双方父母均出资且无贷款时，不管登记在一方子女名下还是双方子女名下，该不动产可以认定为双方按照各自父母出资份额按份共有。

夫妻双方在结婚前共同购买房屋，购房款约定两家各负担50%，并登记为共同共有。而实际上，一方父母出资较多，为383万元，另一方出资相对较少，为203.47万元。结婚时的购房价格为586.47万元，离婚时的房屋价值为1050万元。

法院认为，双方于婚前购买涉案房屋，并约定各出资一半，产权为共同共有。一方实际出资383万元，另一方实际出资203.47万元。房屋所有权证虽登记为共同共有，但双方的约定是各出资一半，现出资较少的一方从买房至今未按约定足额支付房款，且房屋在大幅涨价的情况下，其主张一半的房屋份额有违双方约定，亦会导致利益失衡，最终法院根据双方父母的出资份额确定诉争房屋分割比例。[①]

9. 双方父母出首付，婚后由小夫妻自行还贷，登记在一方子女名下

父母的首付款是赠与登记方一人还是赠与双方，需要探寻登记在一方名下的本意，确系赠与一人还是出于其他原因不得不登记在一人名下。法院会结合证据判定登记在一方名下的真实原因，从而确认父母出资款是赠与一方还是双方。通常来说，不管登记在一人名下还是双方子女名下，结婚前父母的出资款大多数情况下的真实意思是对自己子女的单独赠与。

贷款买房相较于双方全款买房，在离婚分割时需要考量的因素更为复杂，包括首付款金额、贷款金额、婚后共同还贷金额等多重影响因素。法院通常会判房屋归登记一方所有，由登记一方就对方共同参与还贷部分及增值部分给予经济补偿，具体金额由法院依据双方出资、共同还贷情况确定。

[①] 北京市第二中级人民法院（2020）京02民终6554号民事判决书。

张某与李某于2016年9月9日登记结婚。结婚前，张某购买涉案房屋，购买总价为170万元，首付款为100万元，剩余购房款70万元通过北京住房公积金管理中心进行贷款，房屋登记在张某名下。在购房首付款100万元中，双方父母均有出资。其中，张某母亲出资20万元，李某母亲在双方婚前通过银行直接转账给张某80万元。张某认可收到80万元，但表示该款项系李某母亲对双方的赠与。法院询问了张某之母，其表示购房出资20万元系对张某的单独赠与，法院亦询问了李某之母，其表示购房出资的80万元系其对李某的单独赠与。[①]

法院认为，双方系以结婚为目的在婚前购房，原告张某之母与被告李某之母购房的出资均应认定为对自己子女的单独赠与。本院综合考虑涉案房屋房款的支付情况及贷款偿还情况、权属登记情况等因素，酌定涉案房屋归张某所有，由张某就李某共同参与还贷部分及增值部分给予经济补偿，具体金额由本院依据双方出资、共同还贷情况予以酌定。

10. 双方父母出首付，婚后由小夫妻自行还贷，登记在双方子女名下

在这种情况下，离婚时如何确定双方的份额，主要有以下两种方式。

第一种方式是，如果房产约定为按份共有，则按照共有比例分割。如果约定为共同共有，则原则上平均分割，出资多的一方会酌情多分。[②]也就是说，出资多的一方的利益从房屋所占份额上体现，父母出资款不单独扣除。比如，北京市第一中级人民法院家事审判团队认为，如果双方父母于子女结婚前资助购买房屋且产权登记在双方名下，婚后小夫妻共同还贷，则房产属于夫妻共同财产，分割时原则上平均分割，适当考虑出资情况。[③]

第二种方式是，双方父母出资所对应的房产份额认定为各自子女个人所

[①]　北京市密云区人民法院（2021）京0118民初3231号民事判决书。

[②]　上海市浦东新区人民法院（2014）浦民一（民）初字第1397号民事判决书。

[③]　北京一中院家事审判：《北京一中院离婚房产分割情况汇总（二）：婚前父母出资购房》，载法暖家事公众号，最后访问日期：2023年3月28日。

有，其余部分作为夫妻共同财产分割。

2012年6月，张某、刘某在结婚前共同购房，房屋登记在两人名下，并注明共同共有；房屋成交价格为236.8万元。两人共同贷款75万元，到离婚诉讼时，未偿还贷款余额为726586.72元。房屋现价值为321.12万元，装修的市场价值为10.23万元。根据本案现有证据，在购房款236.8万元中，除贷款75万元外，张某之母支付了其中的147万元，刘某及其父母支付了其中的14.8万元。

法院最终认定，该房屋虽系双方在婚前购买，但双方均系购房人，且婚后房屋登记在双方名下，应认定为夫妻共同财产。根据双方的出资，张某份额约占其中的67.57%，刘某份额约占其中的32.43%。张某母亲的出资行为发生在张某结婚登记之前，即使房屋所有权登记于双方名下，但张某母亲的真实意思应当是对自己子女的赠与，而该出资应作为张某对房屋的出资份额享有房屋所有权。刘某主张因房屋所有权登记为双方共同共有，因此房屋价值按照双方各占50%份额平均分割，与上述法律规定相悖，不予采纳。①

通过上述案例可以看出，婚前购房如果没有书面约定，由于出资人的不同、是否贷款不同、登记不同，再加上法院分割方式的不同，会导致离婚房产分割方式存在很大的不确定性，因此进行书面约定是非常有必要的。

四、婚前父母出资购房的注意事项

1. 父母婚前资助的出资，并不必然属于赠与

在有证据表明属于借贷时，应该按照借贷关系认定。如果父母认为属于借贷的，光有转账凭证无法证明借贷关系的成立，父母需要提供证据证明借贷关系的成立。对此，最高人民法院的法官也予以明确：实践中，对父母为子女购房出资的性质是借贷还是赠与，各方可能存在争议，在此情况下，应当将法律关系的性质作为争议焦点进行审理，根据查明的案件事实，准确

---

① 北京市第三中级人民法院（2015）三中民终字第01212号民事判决书。

认定双方的法律关系是借款还是赠与，不能仅依据《最高人民法院关于适用〈中华人民共和国民法典〉婚姻家庭编的解释（一）》第二十九条规定当然地认为是赠与法律关系。在父母一方主张为借款的情况下，应当由父母来承担证明责任，这也与一般人的日常生活经验感知一致。[①]因此，如果父母的出资实际属于借贷，希望子女以后偿还，就应该通过协议对出资的性质予以确认。如果父母的出资是赠与，不需要偿还，但是希望只赠与自己的子女，建议同样通过协议对出资的性质予以确认。

2. 在确定房屋的权属时，不会仅仅根据登记情况决定房屋权属

因为房屋登记需要区分对外效力和对内效力，在夫妻之间应该结合出资、约定等情况综合考虑房屋的权属。[②]

3. 判断房屋属于婚前购买，还是婚内购买，通常以签订房屋买卖合同的时间是否在登记结婚之后来判断[③]

买房，包括签订房屋买卖合同、网签、办理房屋登记等多个环节，通常以签订房屋买卖合同的时间为标准来判断房产是婚前还是婚后购买。

在《民法典》施行后，即使父母在婚前资助双方买房的，也建议通过书面协议约定出资的性质，可以有效避免风险。尤其是出资方和登记方不一致的情况下，务必通过协议，对于房屋的出资是赠与还是借贷、赠与一人还是双方、房屋的权属进行明确约定，避免发生争议。

《民法典》施行后关于婚前父母资助买房权属及出资性质如表4所示。

---

①　郑学林、刘敏、王丹：《〈关于适用民法典婚姻家庭编的解释（一）〉若干重点问题的理解与适用》，载《人民司法》2021年第13期。

②　参见本书《房产证上加了名字，离婚时就一定有份额吗》一文。

③　翁俊审判团队：《涉房屋分割的离婚纠纷类改发案件裁判要点 | 至正研究》，载上海市第二中级人民法院司法实务研究官方公众号至正研究，最后访问日期：2023年1月27日。

表 4　《民法典》施行后关于婚前父母资助买房权属及出资性质

出资	房屋登记情况	父母出资性质	房屋权属
一方父母全额出资。	登记在出资方子女名下。	购房款属于对自己子女一人的赠与。	房产归出资方子女单独所有。
	登记在对方子女名下。	1. 父母明确表示赠与对方子女的，购房款属于对对方子女一人的赠与。 2. 没有约定也没有明确表示只赠与对方子女的，出资款会被认定为对子女双方的赠与。①	1. 如一方父母明确赠与对方子女，则属于对方子女的个人财产。 2. 如没有明确只赠与对方子女一人，则属于夫妻共同财产。
	登记在双方子女名下。	购房款视为对双方子女的赠与。	有约定时依照约定，没有约定时属于夫妻共同财产。
一方父母支付房屋首付款，夫妻双方共同贷款。	登记在出资方子女名下。	出资仅赠与出资方子女。	夫妻共同财产，一般判归登记方所有，由其继续支付剩余贷款，需要补偿对方婚内共同还贷及增值部分。
	登记在对方子女名下。	出资系对双方子女的赠与。	
	登记在双方子女名下。	双方约定共同共有或者按份共有的，按照约定享有产权；双方对共有方式没有约定的，则父母的出资视为对己方子女个人的赠与。②	夫妻共同财产。 一种分割方式为：如果双方约定了共有方式及各自份额，则按照约定分割。如果没有约定份额，则通常平均分配份额，但会考虑出资情况。 另一种分割方式为：父母出资所对应的房产份额应该为出资方子女个人所有，其余部分作为夫妻共同财产分割。

---

① 参见江苏省高级人民法院民一庭《家事纠纷案件审理指南(婚姻家庭部分)》第三十七条。

② 黄蓓、孙路路：《离婚后财产纠纷案件的审理思路和裁判要点类案裁判方法》，载上海一中法院公众号，最后访问日期：2023年1月27日。

续表

出资	房屋登记情况	父母出资性质	房屋权属
双方父母均出资，无贷款。	登记在夫妻一方名下。	探寻登记在一方名下的本意，从而确认父母出资款是赠与一方还是双方。通常来说，婚前各方父母的出资属于对自己子女一人的赠与。	如父母真实意思表示为赠与登记人一人，则房产为登记方的个人财产。如无赠与一人的意思表示，双方按照各自父母出资份额按份共有。
	登记在夫妻双方名下。	父母的出资分别视为对各自子女的赠与。	夫妻共同财产，双方按照各自父母出资份额按份共有。
双方父母出首付，小夫妻双方共同贷款。	登记在一方子女名下。	探寻登记在一人名下的本意，如本意系赠与一人，则双方父母出资均系赠与一人。如无赠与一人的本意，则父母的出资通常分别视为对各自子女的赠与。	夫妻共同财产，通常会判房屋归登记一方所有，由登记一方就对方共同参与还贷部分及增值部分给予经济补偿，具体金额依据双方出资、共同还贷情况确定。
	登记在双方子女名下。	父母的出资分别视为对各自子女的赠与。	夫妻共同财产，在分割时，一种情况是，原则上平均分割，出资多的一方会酌情多分。另一种情况是，双方父母出资所对应的房产份额认定为各自子女个人所有，其余部分作为夫妻共同财产分割。

法条链接

《最高人民法院关于适用〈中华人民共和国民法典〉婚姻家庭编的解释（一）》

第二十九条 当事人结婚前，父母为双方购置房屋出资的，该出资应当认定为对自己子女个人的赠与，但父母明确表示赠与双方的除外。

当事人结婚后，父母为双方购置房屋出资的，依照约定处理；没有约定或者约定不明确的，按照民法典第一千零六十二条第一款第四项规定的原则处理。

第七十八条　夫妻一方婚前签订不动产买卖合同，以个人财产支付首付款并在银行贷款，婚后用夫妻共同财产还贷，不动产登记于首付款支付方名下的，离婚时该不动产由双方协议处理。

依前款规定不能达成协议的，人民法院可以判决该不动产归登记一方，尚未归还的贷款为不动产登记一方的个人债务。双方婚后共同还贷支付的款项及其相对应财产增值部分，离婚时应根据民法典第一千零八十七条第一款规定的原则，由不动产登记一方对另一方进行补偿。

《最高人民法院关于适用〈中华人民共和国民事诉讼法〉的解释》

第一百零九条　当事人对欺诈、胁迫、恶意串通事实的证明，以及对口头遗嘱或者赠与事实的证明，人民法院确信该待证事实存在的可能性能够排除合理怀疑的，应当认定该事实存在。

第二章　婚后买房父母出资的性质

第一节　婚后父母出资买房的八种情形

鉴于父母出资问题的复杂性，本书仅讨论结婚后，子女以自己的名义签订不动产买卖合同，由父母缴纳全部或部分出资款项，并登记在一方子女或双方子女名下的情形，不包括父母以自己的名义签署购房合同或者登记的情形。

婚后父母资助买房，父母的出资性质如何界定，《民法典》相较于已废止的《婚姻法》及其司法解释的规定有了较大变化，如表5所示。

表5　法律上关于婚后父母资助买房规定的变化

《民法典》及民法典婚姻家庭编司法解释	《婚姻法》及其司法解释（已废止）	解读
《最高人民法院关于适用〈中华人民共和国民法典〉婚姻家庭编的解释（一）》第二十九条第二款：当事人结婚后，父母为双方购置房屋出资的，依照约定处理；没有约定或者约定不明确的，按照民法典第一千零六十二条第一款第四项规定的原则处理。	《最高人民法院关于适用〈中华人民共和国婚姻法〉若干问题的解释（二）》第二十二条第二款：当事人结婚后，父母为双方购置房屋出资的，该出资应当认定为对夫妻双方的赠与，但父母明确表示赠与一方的除外。	当事人结婚后，父母为双方购置房屋出资的，由之前默认系对夫妻双方的赠与变为看父母对于出资有没有约定是赠与一方、赠与双方，还是借贷。如果没有约定的，才视为赠与双方。

续表

《民法典》及民法典婚姻家庭编司法解释	《婚姻法》及其司法解释（已废止）	解读
删除该规定。	《最高人民法院关于适用〈中华人民共和国婚姻法〉若干问题的解释（三）》第七条第一款：婚后由一方父母出资为子女购买的不动产，产权登记在出资人子女名下的，可按照婚姻法第十八条第（三）项的规定，视为只对自己子女一方的赠与，该不动产应认定为夫妻一方的个人财产。	婚后由一方父母出全款为子女购买的不动产，产权登记在出资人子女名下的，是否属于出资方子女一人财产在民法典施行后存在争议。
删除该规定。	《最高人民法院关于适用〈中华人民共和国婚姻法〉若干问题的解释（三）》第七条第二款：由双方父母出资购买的不动产，产权登记在一方子女名下的，该不动产可认定为双方按照各自父母的出资份额按份共有，但当事人另有约定的除外。	双方父母出资购买的不动产，产权登记在一方子女名下的，不再按照各自父母的出资份额按份共有，因为家庭成员之间缺乏按份共有的基础。

一、《民法典》关于婚后父母出资买房法律规定解读

1. 婚后父母购房出资款性质判断标准的变化

我国法定夫妻财产制为婚后所得共同制，因此原则上夫妻一方婚后所得的财产均为夫妻共同所有，除非父母明确购房出资只赠与其中一人。

《民法典》施行之前，根据《婚姻法》及其司法解释的规定，在子女结婚后父母资助买房的，购房款出资默认赠与夫妻双方，除非明确约定仅赠与一人。而《民法典》及其司法解释规定，婚后父母出资购房的，首先依照约定处理，无约定或者约定不明的，才能将父母的出资款视为赠与夫妻双方。

这是因为现实情况纷繁复杂，父母对于出资是否需要归还、是赠与一个

人还是两个人，想法都是不同的。有些情况下父母的出资是对子女的赠与，有些情况下是借款，有些情况下是只赠与自己的子女，有些情况下是赠与夫妻双方。为减少纠纷的发生，尊重当事人的意思自治，《民法典》更强调约定的作用。只有在没有约定或者约定不明的情况下，才把婚后受赠与的财产认定为夫妻共同所有。

2. 删除双方父母出资按照各自父母出资份额按份共有的规定

对于子女结婚后，双方父母出资购房，产权登记在一方子女名下的情形，已废止的《最高人民法院关于适用〈中华人民共和国婚姻法〉若干问题的解释（三）》第七条第二款规定应"按照各自父母的出资份额按份共有"，《民法典》删除了这一规定，因为在双方没有明确约定的情况下，基于家庭关系的特殊身份属性，不宜认定为按份共有。[①]

这意味着婚后双方父母出资购房，产权登记在一方子女名下的，需要首先依据约定处理，在没有约定或者约定不明的情况下，不管房屋登记在夫妻一方名下还是双方名下，都属于夫妻共同共有，而不再是按份共有。

3. 删除"婚后一方父母出全款购房，登记在一方子女名下的，视为只对自己子女一方的赠与、该不动产应认定为夫妻一方的个人财产"的规定

已经废止的《最高人民法院关于适用〈中华人民共和国婚姻法〉若干问题的解释（三）》第七条第一款规定，婚后由一方父母出资为子女购买的不动产，产权登记在出资人子女名下的，视为只对自己子女一方的赠与，该不动产应认定为夫妻一方的个人财产。该规定仅适用于婚后一方父母出全款为子女购房的情形。而《民法典》及婚姻家庭编司法解释删除了这一规定。这意味着婚后一方父母出全款购房，登记在自己子女名下，是否视为只对自己子女一方的赠与将存在不确定性。

尽管最高院法官撰文认为婚后一方父母出全款购房，登记在一方子女名

---

① 郑学林、刘敏、王丹：《〈关于适用民法典婚姻家庭编的解释（一）〉若干重点问题的理解与适用》，载《人民司法》2021年第13期。

下的，应该仍然视为只对自己子女一方的赠与，但这一观点是否会被承办案件的法官采纳存在不确定性，因此对于全款购房的一方来说，风险明显增加。

综上，《民法典》对于父母为子女婚后购房出资性质的认定，更尊重当事人的意思自治，因此"民法典时代"用书面协议约定父母出资金额、性质、双方份额的情形也会越来越普遍。

二、婚后父母出资买房的具体情形

以下讨论的情况，系父母的出资、购房合同的签署均发生在婚后的情形。比如，父母的出资发生在子女结婚前，而购房合同的签署发生在婚后，则一方父母出资所占总价款比例对应不动产的比例为子女一方个人财产。[①]

1. 婚后一方父母全款出资，登记在出资方子女名下

关于一方父母在子女结婚后出资买房的，《民法典》的规定和已经废止的《最高人民法院关于适用〈中华人民共和国婚姻法〉若干问题的解释》相比，有一些变化。《最高人民法院关于适用〈中华人民共和国婚姻法〉若干问题的解释（三）》第七条第一款规定："婚后由一方父母出资为子女购买的不动产，产权登记在出资人子女名下的，可按照婚姻法第十八条第（三）项的规定，视为只对自己子女一方的赠与，该不动产应认定为夫妻一方的个人财产。"需要注意的是，第七条规定仅针对一方父母婚后支付全款的情况，而不包括仅支付首付款的情况。

《最高人民法院关于适用〈中华人民共和国民法典〉婚姻家庭编的解释（一）》第二十九条第二款将父母婚后买房的认定规则改为："当事人结婚后，父母为双方购置房屋出资的，依照约定处理；没有约定或者约定不明确的，按照民法典第一千零六十二条第一款第四项规定的原则处理。"

也就是说，根据之前的法律规定，在子女结婚后一方父母出全款购买一套房，登记在自己子女的名下，房产会被认定为子女的个人财产，且父母的

[①] 最高人民法院民事审判第一庭编著：《最高人民法院民法典婚姻家庭编司法解释（一）理解与适用》，人民法院出版社2021年版，第287页。

出资只赠与子女一人，和配偶无关。而在《民法典》施行后，需要看父母是否有明确的约定，在没有约定或者约定不明确的情况下，父母全款购房的出资款从法律上说到底是属于自己子女一方，还是小夫妻双方的关键在于：只登记在自己子女名下能否视为"赠与合同中确定只归一方的财产"。这一点在司法实践中颇具争议。因为家庭成员之间的赠与往往没有书面的赠与合同，因此是否只赠与自己子女就成了离婚诉讼中的争议焦点。最高人民法院法官郑学林、刘敏、王丹发表的《〈关于适用民法典婚姻家庭编的解释（一）〉若干重点问题的理解与适用》[①]一文中，对此予以肯定。三位法官认为，考虑到《物权法》已经实施多年，普通民众对不动产登记的意义已经有了较为充分的认识，在出资后将不动产登记在自己一方子女名下，认定为是父母将出资确定赠与给自己子女一方的意思表示，符合当事人本意，也符合法律规定的精神。但该文章并非司法解释，也无法在法院裁判中直接引用，只能对法官如何理解"赠与合同中确定只归一方的财产"有一定影响，因此在《民法典》施行后，小夫妻结婚后，即使父母全款资助买房并只登记在子女一人名下，也建议通过签署书面协议以减少房屋权属及出资性质不确定带来的风险。

2. 婚后一方父母全款出资，登记在对方子女名下

这种情况依然是先看约定。在没有约定的情况下，按照日常经验法则，除非当事人能够提供父母出资时的书面约定或声明，证明出资一方父母明确表示仅向子女的配偶赠与，一般应认定为向夫妻双方的赠与。[②]房产属于夫妻共同财产。

3. 婚后一方父母全款出资，登记在夫妻双方名下

子女结婚后，父母为双方购置房屋出资的，不管登记在谁的名下，父母的出资，需要通过约定判断是借款还是赠与，如果是赠与，约定为对一方子

---

① 郑学林、刘敏、王丹：《〈关于适用民法典婚姻家庭编的解释（一）〉若干重点问题的理解与适用》，载《人民司法》2021年第13期。

② 吴晓芳：《〈婚姻法〉司法解释（三）适用中的疑难问题》，载《法律适用》2014年第1期。

女的赠与还是对双方子女的赠与。没有约定或者约定不明确的，登记在双方名下购房出资视为赠与夫妻双方，房产属于夫妻共同财产。

4. 婚后一方父母支付房屋首付款，夫妻共同贷款，登记在出资方子女名下

婚后，一方父母出首付，使用夫妻共同财产还贷，房屋登记在出资方子女一人名下，这种情形下因为夫妻共同还贷，房产属于夫妻共同财产。但父母一方的首付款，能否因为仅登记在出资方子女一人名下而视为父母有仅赠与自己子女一人的意思，是存在争议的。

《民法典》施行之前，对于该问题的争议即存在，主流观点认为，父母部分出资而非全款的情形，即便登记在出资方子女一人名下，也应将父母的出资认定为赠与夫妻双方。[①]

《民法典》施行后，该争议依然存在，因为如何判断"赠与合同中确定只归一方的财产"一直是司法实践中的难点。父母和子女之间一般不会签订书面赠与协议，而婚后购房仅登记在出资方子女一人名下，能否理解为父母只赠与自己子女？最高人民法院民事审判第一庭认为，如果出资及购房合同的签署均发生在子女结婚后，则父母的出资应认定为对夫妻双方的赠与。[②]

而最高人民法院民法典贯彻实施工作领导小组持不同观点，领导小组认为，何谓"父母明确表示赠与一方"仍存在解释的空间。除了明确的赠与合同外，是否还可通过其他证据体现父母赠与子女一方的意思表示。我们认为，可以通过出资过程中相关的外观行为加以判断。在父母出资为子女购买不动产的情况下，根据不动产登记情况来判断父母是赠与自己子女一方还是赠与

---

① 吴晓芳：《婚后一方父母部分出资给子女购房的认定问题》，载《民事法律文件解读》，人民法院出版社2013年第4期，总第100辑。尽管该文章系对《最高人民法院关于适用〈中华人民共和国婚姻法〉若干问题的解释（二）》《最高人民法院关于适用〈中华人民共和国婚姻法〉若干问题的解释（三）》的具体条款进行解读，但其对于婚后父母部分出资并登记在出资方子女名下，出资款能否视为对一方子女单独赠与有参考价值。

② 最高人民法院民事审判第一庭编著：《最高人民法院民法典婚姻家庭编司法解释（一）理解与适用》，人民法院出版社2021年版，第287页。

其夫妻双方是比较客观的。对于婚后一方父母部分出资为子女购置房产，夫妻双方支付剩余款项，所有权登记在出资方子女名下，基于该不动产属于婚后所得且夫妻另一方参与支付剩余款项，除当事人另有约定外，该不动产应当认定为夫妻共同财产。对于父母出资部分，可以按照《民法典》第一千零六十三条第三项的规定，遗嘱或者赠与合同中确定只归一方的财产为夫妻一方的个人财产，视为只对自己子女一方的赠与。①

因此，关于"父母明确表示赠与一方"判断标准的明确，需要等待后续司法解释的进一步确认，为避免父母出资及房屋权属的不确定性，签署书面协议是最为稳妥的方案。

5. 婚后一方父母支付房屋首付款，夫妻共同贷款，登记在夫妻双方名下

在子女结婚后，一方父母出首付，用子女名义签订购房合同，约定房屋登记在另一方子女名下的情况也很常见。《民法典》施行后，依然是先看当事人对出资款是否有约定，有约定的按照其约定处理，如果当事人没有约定或者约定不明的，基于血亲关系的特殊性，则出资宜视为对夫妻双方的赠与，房屋归夫妻共同共有。

6. 婚后一方父母支付房屋首付款，夫妻共同贷款，登记在双方子女名下

同前述几种情形一样，父母出资的性质需要先看约定。没有约定或者约定不明的情况下，父母的出资视为对夫妻双方的赠与，该房产属于夫妻共同财产。但是法官在确定房产分割比例时，依然会考虑一方父母出资的情况，向出资一方适当倾斜。

在山东省威海市中级人民法院（2021）鲁10民终1446号案件中，尽管一方父亲婚后的出资被认定为对夫妻双方的赠与，但法院在确定双方份额时，依然向出资较多的一方倾斜。法院认为，夫妻共同共有的财产原则上均等分割，但根据财产来源、生活实际需要、照顾子女等情况，处理时可以有

---

① 最高人民法院民法典贯彻实施工作领导小组主编：《中华人民共和国民法典婚姻家庭编继承编理解与适用》，人民法院出版社2020年版，第160—161页。

所差别。考虑到购房时首付款来源于于某之父的出资，且双方离婚后孩子随于某生活，以及案涉房屋办理不动产权登记时应支出的费用等，于某可以适当多分。

7. 婚后双方父母均出资，登记在夫妻一方名下或双方名下

子女在结婚后购买的房产，如果双方父母都有出资的，在《民法典》施行之前，夫妻双方按照双方父母的出资比例按份共有。而《民法典》施行之后，父母出资款的性质依据约定确定，在没有约定或者约定不明的情况下，不管房屋是登记在夫妻一方名下还是双方名下，父母购房出资款都视为赠与夫妻双方，房产由夫妻双方共同共有。

在确定具体补偿金额时，法院同样会考虑双方父母的出资金额、婚姻关系存续年限、根据房屋现值按照依法照顾女方权益、无过错方权益的原则来确定比例。

8. 婚后双方父母共同出首付，夫妻共同贷款，登记在夫妻双方或一方名下

首先看当事人对于出资款是否有约定，有约定的按照其约定处理，如果当事人没有约定或者约定不明的，则无论是登记在双方还是一方名下，双方父母的出资均视为对夫妻双方的赠与，房屋归夫妻共同共有。

2016年，历立、鹿路婚后共同购房，房屋总价361万元，其中首付款241万元，鹿路、历立二人共同申请公积金贷款120万元。房屋登记在历立一人名下。鹿路及其父母支付了首付款114.8万元，历立父母出资160.1750万元（含中介费9.175万元），历立主张按照双方父母的购房出资比例分割房屋支付折价款。[①]

法院认为，该房屋系双方婚后共同购买，应属夫妻共同财产，对于该房屋的分割方法，根据双方意见和案件情况，房屋以判归历立所有为宜，历立应向鹿路支付折价款。对于折价款数额，应按照房屋现价值310万元扣除剩余

---

① 参见北京市朝阳区人民法院（2020）京0105民初9840号民事判决书。

贷款113万元的差额平分计算，为98.5万元。原、被告双方父母在购房时均有出资，均应视为对原、被告双方的赠与。

三、婚后父母资助买房的注意事项

1. 重视通过书面协议约定父母出资的性质

父母对于小夫妻的帮助，往往是竭尽所能、倾尽全力。父母们需要意识到，婚后资助小夫妻买房，在没有任何约定的情形下，对于父母权益的保护是极为不利的。因为根据法律规定，婚后父母资助小夫妻购房的，如果没有约定或者约定不明，父母的出资在多数情形下会视为对小夫妻两人的赠与，也就是说离婚时并不需要偿还这笔出资。对于购房出资这种大额款项，提前通过书面协议进行君子约定，比产生纠纷后再补借条要稳妥很多。

2. 离婚诉讼中房产被认定为共同共有，但并不代表对半分

共同共有通常会被理解为在进行房产分割时，由共有人平均享有份额，实际情况并非如此。最高人民法院吴晓芳法官在《〈婚姻法〉司法解释（三）适用中的疑难问题》一文中称，在分割夫妻共同财产时，要全面考虑财产的资金来源、双方结婚时间的长短、夫妻对家庭所作的贡献等因素，避免出现显失公平的情况。对一方父母部分出资为子女购房的，离婚分割时可对出资父母的子女一方予以适当多分，至于"多分"的数额如何掌握，应由法官根据案件的具体情况作出公平合理的裁判。[①] 即便是在《民法典》施行后，司法裁判中依然会结合出资、结婚时间长短、双方对家庭的贡献等因素综合考量，而不是只看登记情况。因此，即便房产被认定为共同共有，能够分到多少份额还是需要结合个案的情况进行认定。

---

① 吴晓芳：《〈婚姻法〉司法解释（三）适用中的疑难问题》，载《法律适用》2014年第1期。

3. 父母出资是赠与还是借款，以出资时的意思表示为准，而不能以离婚诉讼中的意思表示为准

父母需要认识到，司法实践中父母对子女出资行为的性质以出资时的意思表示为准，而不是离婚诉讼时的意思表示。如果结婚时父母承诺购房款赠与小夫妻双方，而到了闹离婚的阶段，父母为了拿回出资，否认款项系赠与两人，或者否认款项系赠与，父母是比较被动的。当两个阶段说法不一致时，应该以出资时的意思表示为准。

实践中的难点在于，亲属之间的赠与通常是缺乏证据的，这就导致出资方子女的配偶通常拿不出证据来证明对方父母的出资款是赠与双方的。因此，无论作为出资方的父母来说，还是作为子女来说，"民法典时代"书面协议是非常重要的，通过协议可以有效地明确出资的性质，防止自己面临纠纷时举证不力。《民法典》施行后关于婚后父母出资购房权属如表6所示。

表6　《民法典》施行后关于婚后父母出资购房权属①

出资	登记	父母出资款性质	房屋权属
婚后一方父母全款出资。	登记在出资方子女名下。	有约定依照约定处理，无约定通常购房款视为仅赠与自己子女一人。	房产通常属于出资方子女一人所有。
	登记在对方子女名下。	有约定时依照约定，无约定时看父母的真实意思是否仅赠与对方子女一人，如是，则出资仅赠与对方子女一人；如不是，则出资赠与夫妻双方。	房产属于夫妻共同财产。
	登记在夫妻双方名下。	有约定时依约定处理，无约定时出资款视为赠与夫妻双方。	房产属于夫妻共同财产。

① 父母出资款的性质属于赠与还是借款，需要在个案中具体认定。本表仅讨论父母未主张出资系借款的情形。

续表

出资	登记	父母出资款性质	房屋权属
婚后一方父母支付房屋首付款，小夫妻共同贷款。	登记在出资方子女名下。	有约定时依约定处理，无约定时出资款视为赠与夫妻双方。	房产属于夫妻共同财产。
	登记在另一方子女名下。		
	登记在双方子女名下。		
婚后双方父母共同出首付，小夫妻共同贷款。 婚后双方父母出全款。	登记在夫妻一方名下或双方名下。	有约定时依约定处理，无约定时出资款视为赠与夫妻双方。	房产属于夫妻共同财产。

第二节　婚后买房，父母出资的性质

在房价较高的今天，年轻人刚进入社会，积蓄较少，通常情况下父母都会在其结婚时资助买房以帮助两个年轻人尽快立足。而父母的出资性质在实际生活中有时是赠与，有时是借款。

《民法典》规定，父母出资的性质要依照约定处理，尊重当事人意思自治，只有在没有约定或者约定不明确的情况下才按照法律规定处理，也就是婚后如果没有明确表示是赠与一方的，则按照夫妻共同财产处理。

关于父母的出资，哪些情形会被认定为借款，哪些情形会被认定为赠与，我总结了以下几条裁判规则。由于不同案件双方提供的证据千差万别，因此以下案例仅供参考，具体案件还需要结合证据具体判断。

一、父母出资购房属于借贷还是赠与的裁判规则

1. 父母仅能提供转账凭证而无其他证据，父母出资属于赠与的可能性高于借贷。 至于赠与子女一方还是夫妻双方，需要结合结婚时间、买房时间、登记情况、约定等综合确定。

李某婚前购房，购房首付款由其父母支付。结婚后李某父母资助其一次性还清所有房贷，并将房屋变更登记为李某和配偶刘某按份共有，各占50%份额。几年后，两人调解离婚，房产归李某所有，由李某向刘某支付100万元房屋补偿款。之后，李某父母提起诉讼，认为其支付的房屋首付和房贷属于对李某和刘某两人的借款，要求李某和刘某共同偿还其支付的购房款。[①]

法院对此并未支持，主要基于以下几点理由。第一，当事人结婚前，父母为双方购置房屋出资的，该出资应当认定为对自己子女个人的赠与。

---

① 天津市第二中级人民法院（2021）津02民终5257号民事判决书。

第二，二人结婚后，父母出资还清贷款，该笔款项在无明确约定或未明确表示赠与一方的情况下，应当认定为对夫妻双方的赠与。

第三，在现有国情中，基于双方的亲缘关系、子女婚姻关系及子嗣传承的传统观念，二上诉人在其子婚前购买房屋时所支付的首付款、房屋契税、印花税、维修基金以及二被上诉人婚后偿还房屋银行贷款时，父母出资的真实意思表示为赠与的可能性要高于资金出借。

第四，《最高人民法院关于审理民间借贷案件适用法律若干问题的规定》（2020年第二次修正）第十六条规定："原告仅依据金融机构的转账凭证提起民间借贷诉讼，被告抗辩转账系偿还双方之前借款或者其他债务的，被告应当对其主张提供证据证明。被告提供相应证据证明其主张后，原告仍应就借贷关系的成立承担举证责任。"虽然李某的父母提供了他们向其子转款的银行转账记录为证，但仅凭此尚不足以证明父母与其子及儿媳之间就房屋出资款的借贷形成合意。

第五，就举证而言，借贷关系的证明难度要低于赠与的证明难度。根据现有证据看，不能证明双方之间就借款的金额、使用期限、利息等借款合同必要要素进行了明确约定。基于以上分析，父母依据其提供的现有证据主张其出资行为是出借款项的行为，证明力不足。

2. 婚内单方向其父母出具借条，配偶没有在借条上签字，被认定为夫妻共同债务。

小莫和刚子结婚后，于2016年1月9日签订购买房屋买卖合同。刚子的母亲王女士于同年1月20日签订出售自己名下房屋的买卖合同，为小莫和刚子的房产支付购房款505万元。[①]

12月31日，刚子向王女士出具《借条》，约定向母亲借款505万元用于购

---

① 北京市第二中级人民法院（2021）京02民终13030号民事判决书。

房及装修，利息按照年利率14%支付。该借条仅有王女士和刚子的签字。

法院认为，王女士为支持其诉讼请求提交的《借条》中仅有其子一人签字，但小夫妻购买房屋及装修的绝大部分款项来源于王女士，小莫主张购房款项系王女士对二人的赠与，但未提供证据佐证，且王女士与其子均不认可，小莫应当承担举证不能的不利后果，本院对小莫的该项主张不予采纳。小莫和刚子购买该房屋后，在房屋所用权登记中各占50%的份额，属于其夫妻关系存续期间的共同财产。因此，涉案《借条》系刚子在婚姻关系存续期间以个人名义为家庭日常生活需要所负的债务，属于夫妻共同债务，小莫和刚子应当共同偿还王女士的505万元。

本案中，在父母提供支付购房款的转账凭证及子女单方出具借条的情况下，法院认为父母完成了初步的举证证明责任，如子女的配偶抗辩该款项系对子女及配偶的赠与，子女的配偶应对其上述款项系赠与的主张提供证据证明。

3. 婚内单方向其父母出具借条，配偶没有在借条上签字，未被认定为夫妻共同债务。

小勇及其配偶小立于2018年4月17日购房，购房款共96万元。其中80万元购房款由小勇之父于当日将款项直接汇入出卖人账户，后小勇向其父出具一份落款时间为2018年4月20日的借条。一审判决小勇、小立偿还借款80万元及利息，二审达成调解，小勇之父同意以88万元的价格受让诉争房产并支付小立房屋价款44万元，小立则同意偿还小勇涉案款项25万元，两项抵销后由小勇向小立支付剩余款项。[①]

二审合议庭认为，涉案房产系原告小勇之父，出资为儿子小勇家庭所购置，并登记为小勇、小立夫妻共同所有。涉案民间借贷纠纷发生在小勇与小

---

① 浙江省温州市中级人民法院（2021）浙03民终50号民事判决书。

立离婚诉讼（已调解离婚，诉争房产作为小勇与小立的夫妻共同财产平均分割）背景下，考虑到小勇的父子关系，出具借条具有便利性，故不能仅根据小勇个人出具的借贷凭证直接认定本案借贷关系成立，小勇之父应对与小勇、小立存在真实借贷合意承担进一步的举证责任。

该案中，小勇之父陈述出资购房时已明知小勇、小立关系不睦，如其出资本意系借贷，理应告知小立或要求小立共同签署借据更为符合常理，但本案并无证据显示小立知晓并表示同意借款购房。因此，本案缺乏充分证据证明小勇、小立存在共同举债的合意，加之本案诉讼发生在二者离婚诉讼背景下，本案借贷关系成立的依据不足，不应予以认定。

本案和上一个案例裁判结果截然相反。因此，在实践中，父母出资性质的界定不是只看借条，还会结合父母借款后有无催收、借贷诉讼是否发生在夫妻离婚诉讼前后、配偶有无追认的意思表示等进行综合判断。

4. 投资性住房，父母出资更倾向于被认定为借款。

部分案件中，法院会从利益平衡的角度出发，考虑父母的出资及收入状况，部分案件中即使没有借条，出资依然会被认定为夫妻共同债务。

居住在北京的小萌、小宇于结婚后全款购买了一套位于河北的房屋，小宇父母部分出资，但没有签订借款合同。现小宇父母认为其出资系借款，要求小萌、小宇共同偿还。[①]

法院认为，首先，通常而言，父母为子女婚后出资购房系出于保障子女住房和生活需要，解决或者改善子女居住条件，希望子女的生活更加幸福。《民法典》及其司法解释对父母出资购房行为推定为赠与，亦是考虑我国的国情，认定父母出资赠与的可能性高于借贷。本案中，小萌、小宇有房屋居住，两人购买位于外省的房屋，未用于自住，而是进行出租盈利，其购房行为具

---

① 　北京市第一中级人民法院（2021）京01民终7975号民事判决书。

有投资性质，在父母未明确表示赠与的情况下，父母的出资性质为借贷的可能性高于赠与。

其次，小萌、小宇系全款购买该房屋，除小萌自述本人部分出资外，其他购房款均为向亲友借款取得，小宇父母主张系出借购房款，具有一定的事实依据。

最后，从利益平衡的角度来看，父母通过务农获得的收入有限，本案20余万元款项系两位老人多年积蓄，如简单推定案涉款项为赠与，会导致小萌不仅享有房屋出租收益，而且获得房屋增值对价，而小宇父母未取得任何收益，且影响生活保障的客观结果。综合上述情形，父母提供的证据符合高度盖然性的证明标准，其关于案涉款项系借款的主张，一审法院予以采信，并无不当。

通常来说，我国父母为子女结婚而出资置办房屋的习俗通常是指居住用房，投资性购房通常不包含在内。因此，在多个案例中，子女投资性购房中有父母出资的，父母主张该出资系借贷通常更容易得到支持。

二、父母出资购房是赠与还是借贷的司法认定规则

关于如何判断父母为子女购房出资的性质是借贷还是赠与，最高人民法院法官总结了以下几点规则。

第一，不能仅依据《最高人民法院关于适用〈中华人民共和国民法典〉婚姻家庭编的解释（一）》第二十九条规定当然地认为父母的出资是赠与法律关系。

《最高人民法院关于适用〈中华人民共和国民法典〉婚姻家庭编的解释（一）》第二十九条规定："当事人结婚前，父母为双方购置房屋出资的，该出资应当认定为对自己子女个人的赠与，但父母明确表示赠与双方的除外。当事人结婚后，父母为双方购置房屋出资的，依照约定处理；没有约定或者约定不明确的，按照民法典第一千零六十二条第一款第四项规定的原则处理。"

第二，应依照法律规定，运用逻辑推理和日常生活经验法则，对证据有无证明力和证明力大小进行判断，从而准确认定法律关系的性质。

司法实践中，父母证明借贷关系的存在，仅仅需要达到"高度盖然性"即可，而子女的配偶要证明赠与事实的存在，需要达到更高的标准，即"排除合理怀疑"的标准才行。

第三，在父母一方主张为借款的情况下，应当由父母来承担证明责任。[①]江苏省高级人民法院民一庭在《家事纠纷案件审理指南(婚姻家庭部分)》第三十九条明确规定："父母为子女购置不动产出资，事后以借贷为由主张返还，子女主张出资为赠与的，应当遵循谁主张谁举证的原则，由父母承担出资为借贷的举证责任。父母不能就出资为借贷提供充分证据证明导致出资性质处于真伪不明状态时，应当由父母承担举证不能的责任。"

从法院的价值导向来看，相当一部分案例倾向于认为，为成年子女购房不是父母的义务。特别是在当前高房价背景下，因子女经济条件有限，父母在其购房时给予资助属于常态，但不能将此视为理所当然，也绝非法律所倡导。但考虑到家事纠纷原则中的亲缘关系和家庭伦理，法官在个案中也会适当平衡。

第四，父母出资赠与的意思表示，以出资当时或者出资后为准，一旦作出赠与的意思表示，则再主张借贷关系一般不予支持。

最高人民法院吴晓芳法官在《关于婚姻家庭纠纷审理热点难点问答》一文中提出："一旦父母在出资时或者出资后作出赠与意思表示，则意味着赠与关系已经成立生效，父母日后再主张借贷关系则一般不能得到支持。"[②]这也意味着父母如果之前作出了赠与的意思表示，在离婚诉讼期间后补借条主张借贷，法院也不应予以支持。

---

①　郑学林、刘敏、王丹：《〈关于适用民法典婚姻家庭编的解释（一）〉若干重点问题的理解与适用》，载《人民司法》2021年第13期。

②　吴晓芳：《关于婚姻家庭纠纷审理热点难点问答》，载《民事法律文件解读》2011年第11辑（总第83辑）。

因此，父母出资给子女买房的，在《民法典》施行后，一定要重视书面协议的作用，通过协议表达自己的真实意愿，并保留出资是赠与还是借贷的相应证据。

法条链接

《最高人民法院关于适用〈中华人民共和国民事诉讼法〉的解释》

第一百零八条第一款　对负有举证证明责任的当事人提供的证据，人民法院经审查并结合相关事实，确信待证事实的存在具有高度可能性的，应当认定该事实存在。

第一百零九条　当事人对欺诈、胁迫、恶意串通事实的证明，以及对口头遗嘱或者赠与事实的证明，人民法院确信该待证事实存在的可能性能够排除合理怀疑的，应当认定该事实存在。

第三节　父母资助买房，想只赠与自己子女
应该怎么办

在房价高企的今天，父母资助孩子买房往往要耗尽一生的积蓄。如果小两口好好过日子，父母资助买房也心甘情愿，但如果子女离婚，父母肯定希望自己的出资只给自己的孩子。在《民法典》施行之后，如果父母想资助孩子买房，该如何处理才能既不伤小夫妻感情，又能保护父母的出资呢？

第一种方法是由出资一方父母和子女签订赠与协议，明确购房款仅赠与自己子女。这种做法的法律依据在于，《最高人民法院关于适用〈中华人民共和国民法典〉婚姻家庭编的解释（一）》第二十九条第二款规定：当事人结婚后，父母为双方购置房屋出资的，依照约定处理；没有约定或者约定不明确的，按照民法典第一千零六十二条第一款第四项规定的原则处理。《民法典》第一千零六十二条第四项规定，夫妻在婚姻关系存续期间所得的下列财产，为夫妻的共同财产，归夫妻共同所有：继承或者受赠的财产，但是本法第一千零六十三条第三项规定的除外。《民法典》第一千零六十三条第三项规定，下列财产为夫妻一方的个人财产：遗嘱或者赠与合同中确定只归一方的财产。也就是说，结婚后，父母出资给子女购房的，可以和子女约定出资的性质，并明确仅赠与一方还是双方。在这里，提示大家注意以下三点。

第一，赠与协议需要明确出资仅赠与自己的子女一方，明确排除其配偶。如果协议写得含混不清，可能会被认定为约定不明确，父母在婚后的出资会被视为对双方的赠与。此外，赠与协议需要在赠与之初签订，如果父母一开始作出赠与小夫妻双方的意思表示，等发生纠纷时再和自己子女补签一份赠与协议，则赠与协议通常不会被采纳。

第二，赠与协议的原件需要保管好，一旦发生争议，赠与协议原件将成为重要的证据提交到法庭上。

第三，父母出资应使用银行转账并留言备注，以避免现金支付带来的举证困难问题。转账时备注仅赠与自己子女一人，可以和赠与协议互相印证。大家最关心的问题是，明确只赠与自己子女的协议，是和自己的子女签署就行，还是需要子女及其配偶一同签署呢？对此，《民法典》及其司法解释并没有明确规定，而是交给法官裁量。如果父母能够和子女及其配偶共同签署协议，则诉讼中争议会小很多。如果只能和自己的子女签署赠与协议，如果协议写明仅赠与一人，而房产登记在双方名下，或者父母之前明确表示赠与小夫妻双方，配偶也能拿出证据，则容易引发争议。因此，赠与协议如果能够由父母、子女及其配偶共同签署，则较为稳妥。如果只能两方签署，建议保留转账凭证，并通过微信群聊天记录等佐证仅赠与自己子女，房产登记情况和父母真实意思保持一致，有条件的建议办理公证。

第二种方法需要子女的配偶配合，即小夫妻双方签订婚内财产协议，约定婚后受赠的财产属于一方个人财产，不属于夫妻共同财产。

通过夫妻财产约定的形式，也可以产生父母的出资仅赠与自己子女一人的效力，这是因为《民法典》规定，夫妻双方可以对婚姻期间赠与获得的财产归属进行约定，也就是约定婚姻期间受赠与的财产属于一方个人财产，而不属于夫妻共同财产。

第三章　关于房产的热点问题

第一节　房产证上加了名字，离婚时就一定有份额吗

很多人在咨询时都会问：如果房产证上登记了我的名字，是不是代表离婚的时候，我就一定能分到房产了？如果房产证上没有加我的名字，是不是代表我一定分不到房产？如果登记的份额是共同共有，我就一定能分走一半吗？如果登记的份额是10%，而我出资了50%，那我就只能分到10%吗？

想要弄明白这些问题，就要知道房屋登记的作用，以及房屋登记权利人和实际权利人之间的关系。房屋登记的作用在于保护善意第三人，维护交易安全。根据《民法典》第二百一十六条、第二百一十七条的规定，不动产权属证书是权利人享有该不动产物权的证明，不动产登记簿是物权归属和内容的根据。但是不动产登记仅具有权利推定的效力，如果夫妻中，一方能够提供证据推翻不动产登记的效力，则法官会根据双方证据来综合判断不动产的物权归属。也就是说，在夫妻双方和第三人之间的交易，以房屋登记为准，因为法律需要保护交易安全。而在夫妻双方之间，则不动产登记仅具有权利推定的效力，如果有其他证据能推翻房屋登记，就不再单纯地通过登记份额来确定夫妻俩对房产实际持有的份额了。

举个简单的例子，夫妻俩婚后共同购房，但是考虑到限购、贷款政策等因素，房产只登记了一方的名字，这种情况下显然不能判定只有登记的一方才拥有该房屋的所有权，而是要结合房产购买的时间、购房出资的来源、夫妻之间对于房屋权属的约定等来确认实际份额。

关于房屋登记的份额，同样不一定和实际份额一致。四川省成都市中级人民法院《二〇一七年全市法院民商事审判工作会会议纪要》第三十一条就"不动产权属登记证书上所记载的份额登记能否作为双方在离婚时分割共同财产权属的依据？"作出回应："不动产权属登记上所记载的权属份额登记，是根据当事人的意思表示而登记记载的，若夫妻双方以按份共有的形式对不动产享有所有权，权属登记上所载明的双方对该不动产份额的划分，在离婚时可以作为人民法院确定分割该不动产的依据，但有相反证据可以证实该不动产份额划分不代表双方财产分割意思的除外。此外，在婚姻关系存续期间所取得的、仅登记在夫妻一方名下的不动产，应当综合当事人的意思表示，购买不动产的出资来源等因素综合考察，不能仅依照不动产权属登记来确定不动产的权属划分。"

也就是说，如果有婚前财产协议、婚内财产协议，或者赠与协议等其他能够推翻登记的证据，在夫妻间就不能仅仅以登记的份额来确认双方的比例。比如，夫妻可以约定婚姻关系存续期间所得的财产以及婚前财产归各自所有、共同所有或者部分各自所有、部分共同所有。夫妻间的约定无须办理物权变更登记，即在婚姻关系内部发生法律效力。

总的来说，对于离婚时会不会按照房产证登记的份额确定不动产份额，可以从以下三点进行判断。

首先，如果有婚前财产协议、婚内财产协议，或者赠与协议等其他能体现夫妻双方对于不动产份额约定的证据，在协议有效的情况下，按照协议约定而不是登记的份额来确认双方的不动产份额。

其次，在婚姻关系存续期间所取得的、仅登记在夫妻一方名下的不动产，应当根据双方对房屋权属的约定，购买不动产的出资来源等因素确认不动产的权属，而不是只考虑登记。

最后，法院还会考虑出资情况、婚姻存续时间以及对家庭的贡献等来确定份额。如果一方没有出资或者婚姻存续时间较短，那么法院在确定份额时就会酌情少分。

第二节　婚前房在婚后换学区房，如何避免风险

现在很多小夫妻在孩子出生后都会面临置换学区房或置换更大的房产的问题。由于置换后的房产通常总价较高，小夫妻一方往往需要把自己的婚前房产变卖，再凑一些钱，才能置换成学区房或大房子。婚后换房，是否会导致婚前个人财产变成夫妻共同财产是大家很关心的问题。以下将总结结婚前的房产在婚后置换成学区房的各种常见情况。

一、置换后的房产和之前的房产等值，或使用一方婚前个人存款补足差额，没有贷款且依然登记在一方名下

想要置换后的房产依然属于自己的个人财产，需要满足以下四个条件：一是无须补差额，或使用婚前个人存款补足差额。二是全款支付，不贷款。如申请房屋贷款，则需通过夫妻财产约定，明确置换后的房产所有权属于个人所有。三是依然登记在自己名下，不加对方名字。四是婚前售房款没有和婚后存款发生混同。

在满足了这四个条件的情况下，置换后的学区房依然属于婚前个人财产，因为在未贷款的情况下，购房的资金全部来源于婚前个人财产，属于婚前个人财产形式的转化，不影响其性质认定。如果有贷款，夫妻双方可以约定婚姻关系存续期间所得的财产及婚前财产归各自所有，从而就财产的所有权进行约定。

二、依然登记在一方名下，但是用夫妻共同财产支付差额部分，或夫妻共同偿还房贷

如果使用婚前房售房款和婚后共同存款一起支付学区房购房款，无论登记为夫妻双方还是其中一方，房产都属于夫妻共同财产。在离婚时，对于一方婚前房售房款，可以在离婚时从学区房总价款中扣除，其余部分作为夫妻

共同财产分割。[①]

如果学区房购房款依然使用婚前房售房款进行支付，婚后双方仅共同还贷，则配偶有权利主张分割婚后共同还贷支付的款项及其相对应的房产增值部分。

三、置换后的房产登记在两人名下

一旦房产登记为共有，房产的性质就由婚前个人财产转化成了夫妻共同财产。

如果登记为按份共有，通常视为夫妻双方对于份额进行了约定，离婚时可以按照登记份额划分房产，除非有证据证明该不动产份额划分不代表双方财产分割意思。

如果登记为共同共有，并不代表离婚时会对半分割，而是会结合婚姻存续时间长短、双方的贡献、出资情况、离婚的过错情况等因素综合考虑。

四、房产置换多次且有增值

如果你投资的眼光特别好，婚后多次出售、买入、再出售房产，获得了不菲的增值收益。这个过程中即便没有使用夫妻共同财产出资，增值的部分也容易被认定为投资收益。因为多次置换房产容易被认定为投资行为，投资收益属于夫妻共同财产，和股票投资收益是同样的性质。

如果你想婚后置换房屋，又不想因为换房导致婚前财产转变成夫妻共同财产，应该怎么办？此处有两个建议。

第一，和配偶签订书面夫妻财产约定协议，明确该房产属于你的个人财产。不管是你婚前的房产，还是婚后置换的学区房，夫妻双方都可以通过书面形式约定房屋的归属。《民法典》第一千零六十五条明确规定，男女双方可以约定婚姻关系存续期间所得的财产以及婚前财产归各自所有、共同所有或者部分各自所有、部分共同所有。夫妻对婚姻关系存续期间所得的财产以及

---

① 参见山东省青岛市中级人民法院（2022）鲁02民终213号民事判决书。

婚前财产的约定，对双方具有法律约束力。

如果你担心婚后置换房屋会导致你的婚前个人财产变成夫妻共同财产，那么可以和配偶协商签订夫妻财产约定协议，明确该房产是你的个人财产。这份协议签署后，你需要保管好原件，有条件的话建议办理公证。这个办法是最稳妥的。

第二，如果对方不愿意签订夫妻财产协议，你需要用夫妻共同财产支付换房差价及贷款，最重要的是避免在房产证上加对方名字。如果置换后的房产和你之前的房产是等值的，那么最好使用一张单独的银行卡收取售房款，并用这张卡全额支付婚后房产购房款，避免和婚内存款发生混同。只要不加对方名字，且仅置换一次房产，该房产置换后就依然属于你的个人财产。

如果置换后的房产需要补差额，或者贷款，最稳妥的解决方案依然是上述第一种方法。在无法签署夫妻财产约定协议的情况下，你需要注意以下几点，减少被认定为夫妻共同财产的份额。首先，对于学区房的购房款差额，尽量用婚前个人财产支付。或者由父母补足差额，并签署赠与协议，明确父母的出资仅赠与你一人。使用婚前个人存款是更佳方案，因为父母和你单方签署的赠与协议，在没有配偶签字的情况下，能否认定为对你一人的赠与在实践中是存在争议的。其次，避免在房产证上加对方名字。这样在有贷款的情况下，对方可以分割婚后共同还贷及对应的增值部分，但是婚前出资依然属于你个人。如果在房产证上加了对方名字，会视为你自愿赠与对方部分份额。最后，减少置换房产的次数，避免多次置换房产导致增值部分被认定为投资收益。

第三节　父母的房子想只留给我，要怎么约定

如果你的父母名下有一套房产，价值较高，父母想把房产作为给你最后的保障，要怎么做才能保证这套房产只属于你一个人呢？

这是一个比较重要但又会被很多人忽略的问题。相当一部分人会觉得，老两口只有一个孩子，他们名下的财产肯定归自己的孩子所有。但其实根据法律规定，结婚后，小两口无论是继承还是接受赠与的财产，都默认属于夫妻共同财产。如果想把这套房产变成自己孩子一个人的，可以采取以下三个办法。

第一，父母和子女订立赠与合同，并办理公证。需要注意的是，赠与合同，必须明确载明房产只归自己子女一方，明确排除其配偶，如表述不清或有歧义，有认定为赠与小夫妻两人的风险。

第二，父母订立遗嘱，指定房产由自己的子女一人继承。需要注意的是，一方面，法律对于遗嘱有非常严格的形式要求，如果不符合相应的法定要件，遗嘱的效力有被法院否定的风险。建议咨询律师、公证处，或者专业的遗嘱机构。另一方面，遗嘱中同样要有"房产只归自己子女个人所有，不属于夫妻共同财产，其配偶无权继承"的清晰表述，实践中就有因为遗嘱没有清晰表述，房产依然被认定为夫妻共同财产的。

杨某的外祖母刘某名下有一套房产，刘某于2005年7月20日留有自书遗嘱，内容为："我一生靠个人工资养活了5个孩子（他们是刘某一、刘某二、刘某三、刘某四、刘某五）。现在他们的生活都不错，都有单位分给的住房。我只有现在住的一所房子（小三居），死后可以分给五个孩子。因房子无法分割，只能按当时市价折款分钱。由于杨某（刘某三的孩子）从小就一直与我在一起生活，互相照顾，已经30年。尤其今年我二次手术后身体多病，日常

饮食起居，看病吃药等受杨某多方照顾。所以我决定把房款的六分之一赠给他，其余六分之五由5个孩子平分。"

这一遗嘱的内容是将房产的六分之一留给杨某一个人作为个人财产，还是属于夫妻共同财产，杨某和其配偶罗某存在争议。

杨某认为，刘某遗嘱中写的是2106号房屋有六分之一是留给自己个人的，不是留给夫妻的。罗某则认为，刘某遗嘱通篇没有"房屋给杨某个人"的表述，2106号房屋是杨某与罗某的夫妻共同财产，且已使用夫妻共同财产向继承人刘某四支付了遗产补偿款。

法院认为，对于原、被告争议的2106号房屋，该房屋系杨某在婚姻关系存续期间取得的遗产，被继承人刘某的遗嘱并未指明该房屋仅遗赠杨某且不作为夫妻共同财产，加之杨某已使用夫妻共同财产向部分继承人支付了遗产补偿款，综合上述情况，2106号房屋应属杨某与罗某的夫妻共同财产。罗某要求分得该房屋一半产权份额的诉讼请求有事实和法律依据，本院予以支持。[①]

第三，如果因为各种原因无法适用前两种方法，还可以由子女和其配偶签订夫妻财产协议，对结婚期间双方获得的赠与、继承财产的归属进行约定。因为《民法典》规定，夫妻双方可以约定婚姻关系存续期间所得的财产归各自所有、共同所有或者部分各自所有、部分共同所有。也就是说，夫妻双方可以对婚姻关系存续期间继承、赠与获得的财产归属进行约定。

协议条款可以这样约定："婚姻关系存续期间，夫妻双方受赠、继承所得的财产属于受赠/继承一方的个人财产，不属于夫妻共同财产。"

法条链接

《中华人民共和国民法典》

第一千零六十二条　夫妻在婚姻关系存续期间所得的下列财产，为夫妻

---

① 北京市朝阳区人民法院（2020）京0105民初9839号民事判决书。

的共同财产，归夫妻共同所有：

（一）工资、奖金、劳务报酬；

（二）生产、经营、投资的收益；

（三）知识产权的收益；

（四）继承或者受赠的财产，但是本法第一千零六十三条第三项规定的除外；

（五）其他应当归共同所有的财产。

夫妻对共同财产，有平等的处理权。

第一千零六十三条 下列财产为夫妻一方的个人财产：

（一）一方的婚前财产；

（二）一方因受到人身损害获得的赔偿或者补偿；

（三）遗嘱或者赠与合同中确定只归一方的财产；

（四）一方专用的生活用品；

（五）其他应当归一方的财产。

第一千一百三十三条 自然人可以依照本法规定立遗嘱处分个人财产，并可以指定遗嘱执行人。

自然人可以立遗嘱将个人财产指定由法定继承人中的一人或者数人继承。

自然人可以立遗嘱将个人财产赠与国家、集体或者法定继承人以外的组织、个人。

自然人可以依法设立遗嘱信托。

第一千一百三十四条 自书遗嘱由遗嘱人亲笔书写，签名，注明年、月、日。

第一千一百三十五条 代书遗嘱应当有两个以上见证人在场见证，由其中一人代书，并由遗嘱人、代书人和其他见证人签名，注明年、月、日。

第一千一百三十六条 打印遗嘱应当有两个以上见证人在场见证。遗嘱人和见证人应当在遗嘱每一页签名，注明年、月、日。

第一千一百三十七条　以录音录像形式立的遗嘱，应当有两个以上见证人在场见证。遗嘱人和见证人应当在录音录像中记录其姓名或者肖像，以及年、月、日。

第一千一百三十八条　遗嘱人在危急情况下，可以立口头遗嘱。口头遗嘱应当有两个以上见证人在场见证。危急情况消除后，遗嘱人能够以书面或者录音录像形式立遗嘱的，所立的口头遗嘱无效。

第一千一百三十九条　公证遗嘱由遗嘱人经公证机构办理。

第一千一百四十条　下列人员不能作为遗嘱见证人：

（一）无民事行为能力人、限制民事行为能力人以及其他不具有见证能力的人；

（二）继承人、受遗赠人；

（三）与继承人、受遗赠人有利害关系的人。

第一千一百四十一条　遗嘱应当为缺乏劳动能力又没有生活来源的继承人保留必要的遗产份额。

第四节　离婚时共同还贷房产如何分割

如果房产登记在对方名下，对方于登记结婚前已经签订了购房合同，并用个人财产支付首付款，婚后双方使用夫妻共同财产还贷，在离婚时，如果双方无法就补偿款达成一致，那么，没有拿到房子的一方有权主张什么补偿呢？

一、法律规定

《最高人民法院关于适用〈中华人民共和国民法典〉婚姻家庭编的解释（一）》第七十八条规定："夫妻一方婚前签订不动产买卖合同，以个人财产支付首付款并在银行贷款，婚后用夫妻共同财产还贷，不动产登记于首付款支付方名下的，离婚时该不动产由双方协议处理。依前款规定不能达成协议的，人民法院可以判决该不动产归登记一方，尚未归还的贷款为不动产登记一方的个人债务。双方婚后共同还贷支付的款项及其相对应财产增值部分，离婚时应根据民法典第一千零八十七条第一款规定的原则，由不动产登记一方对另一方进行补偿。"这一条的规定和已经废止的《最高人民法院关于适用〈中华人民共和国婚姻法〉若干问题的解释（三）》其实是一致的，没有什么变化。取得房产的一方除了给付夫妻关系存续期间双方共同还贷所支付款项的一半，还应当向另一方补偿房屋的增值部分。

那么，婚后共同还贷支付的款项及其相对应的财产增值部分应该如何计算呢？对此，法律并没有明确规定，虽然各地有一些指导性做法，但计算方法不尽一致。各种计算方法之间的差别主要在于，未来还贷利息及购房成本是否计算在内，以及房屋购买或者结婚时的价格是否考虑在内。尽管关于贷款的计算方法比较枯燥，但考虑到部分读者有自己办理离婚手续并希望对于能补偿的房款有清楚的预期，因此本文还是将详细讲解各地关于房贷的计算方法，便于大家自行计算。

对于产权登记一方对另一方进行房屋补偿的金额，有以下两种常见的计算方式。

公式一：在最高人民法院民事审判第一庭编著的《最高人民法院民法典婚姻家庭编司法解释（一）理解与适用》中认为，应补偿数额＝（共同还贷数额÷总购房款）×房价的现值×50%。[①]根据最高人民法院民一庭提供的案例，可知总购房款包含了首付款＋按揭贷款＋贷款期限内的利息总额，其中贷款期限内的利息总额包括已经偿还的利息和未偿还的利息。因此，可将公式细化如下。

应补偿数额＝[共同还贷数额÷（首付款＋按揭贷款＋贷款期限内的利息总额）]×房价的现值×50%。

需要注意的是，本文所有公式中提到的50%都仅为双方平均分割时的计算标准，补偿金额并非绝对按照公式结果计算得出，法官有权利根据具体案情，按照照顾子女、女方权益、无过错方权益的原则进行分配，也就是说，一方可以酌情分得60%甚至更多。

北京市高级人民法院民一庭为了统一关于计算房屋补偿时的标准，在2014年11月17日发布的《关于明确离婚时房屋补偿计算标准的通知》中明确，产权登记一方对另一方进行房屋补偿的计算公式为：房屋补偿款＝夫妻共同支付款项（包括本息）÷（房屋购买价＋全部应付利息）×房屋评估现值（或夫妻认可的房屋现值）×50%。尽管表述文字不同，实质上和最高人民法院民事审判第一庭提出的标准一致，这也是目前采用较多的计算标准。

公式二：另一种采用较多的计算标准为最高人民法院民一庭于2016年发布的计算方式，具体计算方法如下。在适用《最高人民法院关于适用〈中华人民共和国婚姻法〉若干问题的解释（三）》第十条时，涉及夫妻共同还贷款项及其相对应增值部分的数额：以夫妻共同还贷部分×不动产升值率。所谓

[①]　最高人民法院民事审判第一庭编著：《最高人民法院民法典婚姻家庭编司法解释（一）理解与适用》，人民法院出版社2021年版，第667页。

不动产升值率，是用不动产现价格÷不动产成本，不动产成本包括购买时的不动产价格+共同还贷的利息部分+其他费用（如契税、印花税、营业税、评估费等）。①

如果对于结婚时购买不动产的情形，此时的"不动产成本"包括购买时的不动产价格+共同还贷的利息部分+其他费用。对于结婚前购买不动产的情形，此时的"不动产成本"包括结婚时的不动产价格+共同还贷的利息部分+其他费用。②

具体的计算公式为，婚后共同还贷金额=婚后共同还贷部分×[不动产现价格÷（结婚时的不动产价格③+共同还贷的利息部分+契税、印花税、营业税、评估费等其他费用）]。

公式一和公式二的主要区别在于，公式一把未偿还的贷款利息也计算在内，公式二仅考虑已经偿还的贷款利息。

但由于公式一是最高人民法院民事审判第一庭于2021年针对施行中的《最高人民法院关于适用〈中华人民共和国民法典〉婚姻家庭编的解释（一）》作出的具体解读，而公式二是最高人民法院民一庭于2016年针对已废止的《最高人民法院关于适用〈中华人民共和国婚姻法〉若干问题的解释（三）》作出的解读，因此公式一比公式二更具有权威性。

---

① 吴晓芳：《最高人民法院民一庭：不动产婚内共同还贷及增值的计算》，载最高人民法院民事审判第一庭编：《民事审判指导与参考》总第65期，人民法院出版社2016年版。

② 肖峰：《最高人民法院民一庭：不动产婚内共同还贷及增值的计算》，载法语峰言公众号，最后访问日期：2023年3月30日。尽管本文是针对《最高人民法院关于适用〈中华人民共和国婚姻法〉若干问题的解释（三）》的解读，但是对于《民法典》施行后的案例依然有参考价值。最后访问日期：2023年1月27日。

③ 尽管最高人民法院民一庭在《最高人民法院民一庭：不动产婚内共同还贷及增值的计算》一文中文字表述为购买时不动产价格，但是结合上下文内容及肖峰法官的备注，一方购买不动产后经过一段时间才结婚的，应该理解为结婚时不动产价格更为准确。

参考案例一：按照公式一计算补偿款的案例①

法院认为，关于李东名下房屋应由杨洋分得的共同支付房款及房屋溢价款的数额，庭审中双方提供的证据显示，房屋总价款为651463元，全部应付利息为444896.67元，现价值评估为1427593元，李东婚前支付首付款30000元，双方婚后支付首付款101463元，共同还贷115363.41元，则杨洋应分得141167.12元〔（101463.00元＋115363.41元）÷（651463.00元＋444896.67元）×1427593.00元×50％〕，李东自愿给付杨洋房屋补偿折价款170000元，一审法院予以照准。

参考案例二：按照公式二计算补偿款的案例②

涉案房屋在夫妻离婚时的评估价格为1539504元。双方夫妻关系存续期间共同偿还房贷本金及利息合计244863.59元，房屋增值率计算公式为不动产现价格1539504元÷（购买时不动产价格587981元＋婚后共同还贷的利息部分158473.57元＋其他费用17621.43元）=2.01。夫妻共同财产现价值为244863.59元×2.01=492175.82元。属于王晓的部分为492175.82元/2=246087.91元。由于本案分割的财产为房屋在夫妻婚姻关系存续期间的增值部分，该增值部分的来源为刘刚、王晓二人的夫妻共同财产支出，故应由刘刚个人向王晓支付增值部分的一半，即246087.91元。

二、房产贬值时的补偿

由于房价是存在波动的，有可能在婚后增值，也有可能贬值，对于婚前一方贷款买房，婚后房产价格出现下跌的情况，贬值部分如何处理，法律没有规定。

最高人民法院民事审判第一庭在《不动产婚内共同还贷及增值的计算》一文中认为，面对这种房产没有增值甚至出现负增长的情况，产权登记一方

---

① 吉林省长春市中级人民法院（2021）吉01民终3578号民事判决书。
② 天津市第二中级人民法院（2021）津02民终5561号民事判决书。

至少要给另一方共同还贷本息一半的补偿。原因有二点，第一点是一方婚前已经签订房产买卖合同，购买什么地理位置、什么楼层、什么朝向的房产是购买方自己的选择，另一方婚后只是共同参与还贷，购买方自然应当承担房价下跌的风险。第二点是离婚时房产判归产权登记一方，如果只是用于居住而非投资，房价暂时下跌并不会对其造成实质性损失。[①]

因此，只要夫妻双方没有约定分别财产制，婚后不管用夫妻哪一方的婚后收入还房贷，都属于夫妻双方共同还贷，另一方都有权分享房产增值的部分和共同还贷的部分。

法条链接

《最高人民法院关于适用〈中华人民共和国民法典〉婚姻家庭编的解释（一）》

第七十八条 夫妻一方婚前签订不动产买卖合同，以个人财产支付首付款并在银行贷款，婚后用夫妻共同财产还贷，不动产登记于首付款支付方名下的，离婚时该不动产由双方协议处理。

依前款规定不能达成协议的，人民法院可以判决该不动产归登记一方，尚未归还的贷款为不动产登记一方的个人债务。双方婚后共同还贷支付的款项及其相对应财产增值部分，离婚时应根据民法典第一千零八十七条第一款规定的原则，由不动产登记一方对另一方进行补偿。

《中华人民共和国民法典》

第一千零八十七条 离婚时，夫妻的共同财产由双方协议处理；协议不成的，由人民法院根据财产的具体情况，按照照顾子女、女方和无过错方权益的原则判决。

对夫或者妻在家庭土地承包经营中享有的权益等，应当依法予以保护。

---

① 吴晓芳：《最高人民法院民一庭：不动产婚内共同还贷及增值的计算》，载最高人民法院民事审判第一庭编：《民事审判指导与参考》总第65期，人民法院出版社2016年版。

第四篇

创业夫妻风险规避

第一章　配偶巨额借款，非举债一方　如何避免无端背债

关于夫妻共同债务，我建议大家一定要仔细阅读。因为即使你是一个非常谨慎的人，从不向别人借款，但由于夫妻关系的特殊性，即便你对配偶一个人借的钱完全不知情，也很可能需要你和配偶共同偿还债务。

本文将结合《民法典》的规定，分析常见的构成夫妻共同债务、不构成夫妻共同债务的情形，方便你根据情况自己作出判断。此外，我将根据自己多年的实践经验，对非举债配偶如何避免无端背债，提出三点法律建议。

一、《民法典》关于夫妻共同债务的认定标准

关于夫妻共同债务，《民法典》作出了不同于《最高人民法院关于适用〈中华人民共和国婚姻法〉若干问题的解释（二）》第二十四条的规定，从倾向于保护债权人转为倾向于保护非举债配偶一方。也就是说，目前的法律规定对于非举债配偶来说更为有利。

《民法典》关于夫妻共同债务的认定强调"共签共认"，即需要夫妻两人共同签字，或者一方事后追认，或者是为日常家庭生活需要所负债务。这一制度设计在债权人和非举债配偶之间进行了利益平衡，由于债权人在出借款项时处于优势地位，可以通过要求夫妻双方共同签字来转移风险，也能够从债务形成源头上尽可能规避夫妻一方"被负债"现象的发生，兼顾交易安全与公平正义。

二、构成夫妻共同债务的7种情形

由于实际案例更为复杂，本文仅列举7种常见情形，无法涵盖构成夫妻共同债务的所有情形，具体案件建议进一步咨询律师。

1. 夫妻共同在借条或者借款合同上签字。也就是说，如果借条上你们双方共同签字确认了，那么这笔借款，夫妻双方需要共同偿还。

2. 一方在借条上签字，另一方事后追认。事后追认不限于书面的追认，通过电话、微信、短信等非书面形式的追认也是有效的。而用非举债配偶的银行账户还款，是否视为对债务的追认，实践中有争议。一部分法院认为通过非举债配偶的银行账户还款，视为对债务的追认，这笔债务就属于夫妻共同债务。另一部分法院认为这属于配偶对举债夫妻一方的经济支持，不构成事后追认。

3. 非举债一方既没有签字也没有追认，但是所借款项用于家庭日常生活需要。比如，一方借款用于合理范围内的吃穿用度、老人赡养、家庭成员的医疗费等，即使另一方没有签字或追认，夫妻双方也应当共同偿还。

4. 非举债一方既没有签字也没有追认，但债主能提供证据证明该笔款项用于夫妻共同生活。

法律对于何种情形构成借款用于"夫妻共同生活"没有具体规定。最高人民法院及各地高级人民法院案例中，借款用于夫妻共同生活的认定标准如下。

（1）借款发生后，夫妻之间存在巨额资金往来，且购置了大宗资产。

最高人民法院认为，涉案借款发生后，宗某与配偶李某之间存在巨额资金往来。婚姻关系存续期间，还发生购置房产等大宗资产行为，有一套别墅是于2015年购置，价值为2100万元。一审法院认定案涉借款为夫妻共同债务，具有相应的事实和法律依据。①

---

① 最高人民法院（2021）最高法民申2559号民事裁定书。

（2）非举债配偶没有固定工作，且借款后有大宗开支，推定借款用于夫妻共同生活。

最高人民法院认为，在上述借款形成期间，非举债配偶李某与签署借款合同的骆某之间的银行账户有众多款项往来，李某亦曾斥资人民币1100余万元购买广东省深圳市的房产并进行证券投资。二审判决基于李某无固定工作及固定收入、其生活经济来源主要依赖于骆某的经营收入等情况，综合在案证据，认定案涉借款用于夫妻共同生活，并无不当。①

5. 非举债一方既没有签字也没有追认，债主能提供证据证明该笔款项用于夫妻共同生产经营。

在某文化产业股权投资基金（天津）有限公司诉金某合同纠纷一案中，北京高院对于夫妻共同生产经营界定如下：夫妻共同生产经营主要是指由夫妻双方共同决定生产经营事项，或者虽由一方决定但另一方进行了授权的情形。判断生产经营活动是否属于夫妻共同生产经营，要根据经营活动的性质以及夫妻双方在其中的地位作用等综合认定。夫妻共同生产经营所负的债务一般包括双方共同从事工商业、共同投资以及购买生产资料等所负的债务。

最高人民法院及各地高级人民法院案例中确立的借款用于夫妻共同生产经营的认定标准如下。

（1）夫妻双方均担任公司股东，且借款用于该公司的经营活动。

最高人民法院认为，历某与沈某共同发起成立某装饰设计有限公司、某商业保理有限公司，共同出资成立某典当有限公司，夫妻双方存在共同经营行为，案涉借款发生于夫妻双方共同经营公司期间。所借款项汇入沈某所经营公司的出纳王某账户，并从王某账户中偿还部分借款，表明案涉借款用于夫妻双方的共同经营活动。原审法院认定案涉借款是沈某、历某的夫妻共同

---

① 最高人民法院（2020）最高法民申6302号再审审查与审判监督民事裁定书。

债务，并判令历某共同承担还款责任，并无不当。[①]

（2）非举债配偶尽管并非股东，但担任公司管理要职，能够对公司决策作出影响，且公司经营收益及于家庭的，视为夫妻共同经营。

在本案中，郑某某在婚姻关系存续期间亦曾任某公司股东，后虽将股权转让至许某某一人投资的某科技（香港）投资有限公司，但陆续担任某公司监事、监事会主席及财务副总等核心要职。许某某则陆续成为某公司的唯一股东、控股股东，作为公司的法定代表人，任公司董事及经理。据此，某公司系许某某、郑某某二人分工协作、共同经营的企业，因经营或任职某公司所获得的收入亦应属于夫妻共同财产。[②]

此外，2017年8月26日，某公司召开第一届监事会第四次会议，郑某某作为监事会主席进行主持，郑某某对某公司2017年4月17日签订案涉协议及2017年8月4日收到其他企业支付的股权转让款应系明知并且同意。据此，签订案涉协议应系许某某、郑某某因经营公司所作出的共同决策，案涉债务的负担具有夫妻共同意思表示。

综上所述，案涉债务用于许某某、郑某某二人共同生产经营，且有证据证明具有二人共同意思表示，应认定为夫妻共同债务。某公司股权属于夫妻共同财产，某公司亦系许某某、郑某某共同经营，无论商业经营行为的最终结果系盈利或亏损，后果均应及于郑某某。原审认定郑某某长期与许某某共同经营某公司，案涉债务应当认定为夫妻共同债务，并无不当。

6. 一方在借条上签字，另一方没有追认，债主能提供证据证明该笔款项是基于夫妻双方共同意思表示。

7. 配偶在婚前借款，债权人能够证明所负债务用于婚后家庭共同生活。

---

① 最高人民法院（2020）最高法民申6802号再审审查与审判监督民事裁定书。

② 最高人民法院（2021）最高法民申4323号民事裁定书。

婚前一方借款，原则上不属于夫妻共同债务，但如果非举债一方从中受益，借款用于婚后家庭共同生活的，也需要两人共同偿还。

三、不构成夫妻共同债务的情形

1. 借款只有一方签字，金额超出家庭日常生活需要，且债权人无法证明用于夫妻共同生活、用于共同生产经营或夫妻双方共同意思表示。

也就是说，如果配偶有远远超出日常生活需要的大笔金额的借款，你也并不知情。当债主找上门来的时候，你需要考虑，自己有没有从配偶的借款中获益，或者两人有没有共同经营公司，借款实际用于公司经营需要。如果没有这些情况，这笔借款大概率就和你没有关系，即使债主起诉，你也不用担心。

2. 夫妻一方从事赌博、吸毒所负非法债务，不属于夫妻共同债务。根据法律规定，对夫妻一方在从事赌博、吸毒等违法犯罪活动中所负的债务，法律不予保护；对债权人知道或者应当知道夫妻一方举债用于赌博、吸毒等违法犯罪活动而向其出借款项，法律不予保护；对夫妻一方以个人名义举债后用于个人违法犯罪活动，举债人就该债务主张按夫妻共同债务处理的，不予支持。

3. 夫妻一方因个人不合理开支所负的债务，如借钱进行各种奢侈的消费，远远超出家庭消费水平及日常生活需要。

4. 其他依法应由个人承担的债务，如一方因实施违法犯罪行为、侵权行为所负的债务，应由其自行承担。

四、非举债配偶如何避免无故背债

1.签署任何文件都要仔细查看文件内容。不要因为是配偶给的文件，看都不看就签了。《民法典》中，对"夫妻共同债务"的认定条件之一，就是夫妻在借款时共同签名。如果是家庭正常开支需要的借款，两人一起签名承担责任，是合适的。但如果是对方背着你进行大额借款，钱也没有用在家里，回头找你签字，千万不要一时心软就签字。

2.对于你不知情的借款，不要通过书面、电话或者微信向债主表示你愿意共同还款，也不要用你的银行账户还款。如果你通过微信或者电话，对于这笔债务进行了确认，被债主录音或者保留了微信聊天记录，这就容易被法院认定为夫妻共同债务，需要你们二人共同偿还。通过你的账户收款或还款，也极容易被认定为夫妻共同债务。

3.在配偶的公司里担任股东或者挂名任职存在风险。如果你确实没有参与公司的经营，就不要因为配偶的要求在公司任职或持股。即使你只持有1%的股权，当配偶为了公司经营借款时，这笔借款也会被认定为共同经营而需要你一同承担债务。需要强调的是，如果不参与对方公司的实际经营，在离婚诉讼中也会面临对方隐匿财产而你无法举证的可能性，因此需要结合实际情况综合分析。

法条链接

《中华人民共和国民法典》

第一千零六十四条　夫妻双方共同签名或者夫妻一方事后追认等共同意思表示所负的债务，以及夫妻一方在婚姻关系存续期间以个人名义为家庭日常生活需要所负的债务，属于夫妻共同债务。

夫妻一方在婚姻关系存续期间以个人名义超出家庭日常生活需要所负的债务，不属于夫妻共同债务；但是，债权人能够证明该债务用于夫妻共同生活、共同生产经营或者基于夫妻双方共同意思表示的除外。

《最高人民法院关于适用〈中华人民共和国民法典〉婚姻家庭编的解释（一）》

第三十三条　债权人就一方婚前所负个人债务向债务人的配偶主张权利的，人民法院不予支持。但债权人能够证明所负债务用于婚后家庭共同生活的除外。

第二章　离婚诉讼中股权的分割难点

对创业夫妻来说，股权及其收益往往比双方共同的存款、车辆具有更大的价值，也会成为创业夫妻离婚案件中争议的焦点。股权兼具财产与人身属性，且涉及《民法典》《公司法》等多部法律的交汇和冲突，在离婚诉讼分割中具有其特殊性。通常来说，夫妻双方登记结婚之后获取的股权，即使只登记在一方名下，亦属于夫妻共同财产。除非具有其他特殊情况，如出资款源于一方的婚前个人财产，或遗嘱、赠与合同中明确仅赠与一人等。但考虑到有限责任公司的人合性，股东之间需要较高的信赖关系，对于夫妻中仅一方为股东的，部分案例认为不宜直接分割配偶的股权，而仅就股权对应的财产权益进行分割。《最高人民法院关于适用〈中华人民共和国民法典〉婚姻家庭编的解释（一）》第七十三条其分割内容也是"以一方名义在有限责任公司的出资额"，而不是股权。以下将就离婚诉讼中涉及的有限责任公司股权分割重点问题进行剖析。

一、离婚时，一方可以主张分割股权及其收益的情形

1. 夫妻双方均在婚后取得同一家有限责任公司股权的，双方持有的股权属于夫妻共同财产。如果夫妻双方均在婚后登记为公司股东，且出资均源于夫妻共同财产，则双方持有的股权均属于夫妻共同财产，离婚时应作为共同财产予以分割。夫妻双方均为同一家公司股东的，转让程序较为简单。《公司法》第七十一条明确规定，除公司章程对股权转让另有规定之外，有限责任公司的股东之间可以相互转让其全部或者部分股权。

　　具体流程因夫妻一方或双方是否主张继续经营公司而有所不同。离婚诉讼中有限责任公司股东为夫妻二人，双方就股权分割无法协商一致时，如果夫妻双方都主张继续经营的，可按比例分割股权；双方均不主张继续经营的，可另行对公司进行拍卖、变卖或解散清算并分割价款；夫妻一方主张继续经营，另一方主张补偿款的，可在确定股权价值的基础上由获得股权一方给付另一方补偿款。[①]离婚诉讼中有限责任公司股东除了夫妻二人，还涉及其他股东时，亦参照上述流程进行处理。

　　此外，工商登记中载明的夫妻双方持股比例能否认为双方做了夫妻财产约定，并在离婚时应按照约定比例分割股权呢？对此，《北京市高级人民法院民一庭关于审理婚姻纠纷案件若干疑难问题的参考意见》认为，工商登记中注明的夫妻双方股权份额不构成夫妻间财产约定，如果是婚内获取的股权，应作为夫妻共同财产予以分割。但如设立公司时根据相关规定提交财产分割书面证明或协议的，构成财产约定。

　　2. 一方在婚后使用夫妻共同财产出资并取得有限责任公司股权，另一方不是该公司股东的，则股权同样属于夫妻共同财产。这种情况在分割股权的流程上，与夫妻双方都是同一家公司股东相比，较为复杂。《最高人民法院关于适用〈中华人民共和国民法典〉婚姻家庭编的解释（一）》第七十三条即针对使用夫妻共同财产进行出资，但夫妻中仅一方登记为股东的情形作出规定。对于此种情形，离婚时夫妻双方可以协商一致将出资额部分或者全部转让给该股东的配偶，但是需要经过公司其他股东过半数同意，并且其他股东均明确表示放弃优先购买权的，该股东的配偶才可以成为该公司股东。

　　这是因为有限责任公司具有人合性，股东之间需要互相信任，对企业发展有共同的愿景和目标，因为股东的离婚诉讼导致加入新的股东会对公司的人合性产生影响，因此需要其他股东过半数同意。

　　夫妻双方就出资额转让份额和转让价格等事项协商一致后，其他股东半

---

　　① 参见《北京市高级人民法院民一庭关于审理婚姻纠纷案件若干疑难问题的参考意见》第二十二条规定。

数以上不同意转让，但愿意以同等条件购买该出资额的，法院可以对转让出资所得财产进行分割。

其他股东半数以上不同意转让，也不愿意以同等条件购买该出资额的，视为其同意转让，该股东的配偶可以成为该公司股东。

3. 婚姻关系存续期间一方因继承或赠与而获得的股权，而未指定只归夫妻一方所有，则该股权亦属于夫妻共同财产。

4. 一方婚前仅认缴出资，婚后用夫妻共同财产实缴出资的，股权应作为夫妻共同财产分割。

二、股权属于一方个人所有的情形

1. 一方在结婚前已经实际缴纳出资并取得有限责任公司股权的，则其基于股东身份所享有的权益属于一方婚前个人财产。

关于陈晨分割某公司李东名下2%股份的诉讼请求，法院认为，某公司注册资本为4000000元，李东认缴出资额为80000元，持股比例为2%。李东主张前述80000元是其个人婚前出资，对应的股权是其婚前个人财产，该主张有存放于工商档案的某公司《公司股东（发起人）出资情况表》为证，该表明确载明李东于2007年8月10日出资80000元。故认定该80000元系由李东于婚前出资，该80000元所对应的股权及相应的股权增值均属于李东个人财产，对陈晨主张将登记在李东名下某公司2%的股份变更至陈晨名下的诉讼请求，法院不予支持。[①]

2. 一方婚后用婚前个人财产出资取得有限责任公司股权的，股权属于一方个人财产。即使是结婚之后出资，但如果出资方把婚前财产和婚后财产做了区分处理，能够证明用于出资的款项来自一方婚前个人财产，则即使是婚后才缴纳出资，获取的股权依然属于一方的个人财产。

---

① 四川省成都市中级人民法院（2021）川01民终7919号民事判决书。

3. 婚后赠与合同或遗嘱中确定只归夫妻一方所有、另一方无权取得的股权。

4. 通过婚前或婚内财产协议约定股权属于一方个人所有的。根据《民法典》第一千零六十五条第一款规定，男女双方可以约定婚姻关系存续期间所得的财产以及婚前财产归各自所有、共同所有或者部分各自所有、部分共同所有。因此，双方如果通过婚前财产协议约定股权仅归一方所有，不属于夫妻共同财产，也是可以的。

三、一方婚前持有的股权，婚后产生的增值属于夫妻共同财产，还是一方个人财产？

关于婚前持有的股权在婚后产生的增值，主要看持股一方对于股权的增值有没有付出劳动，如果是经过持股一方的经营使离婚时股价和结婚时相比有所提升，其肯定要投入时间和精力，因此由经营导致的股价增值部分属于经营性收益，应作为夫妻共同财产分割。《最高人民法院关于适用〈中华人民共和国民法典〉婚姻家庭编的解释（一）》第二十五条第一项对此也作出规定，一方以个人财产投资取得的收益属于夫妻共同财产。

关于张何婚前0.5%股权在婚后增值的部分是否属于夫妻共同财产，如果认定是夫妻共同财产，应如何处理。法院认为，张何原为某公司的原始股东，通过行使股东权利间接对公司进行经营和管理，投入了一定精力，因公司经营带来的股权增值属经营性收益，不是自然增值。依据《最高人民法院关于适用〈中华人民共和国婚姻法〉若干问题的解释（三）》第五条"夫妻一方个人财产在婚后产生的收益，除孳息和自然增值外，应认定为夫妻共同财产"的规定，张何婚前股权在婚后的增值应认定为夫妻共同财产。[1]

---

[1] 湖北省荆门市中级人民法院（2020）鄂08民终285号民事判决书，认为股权增值属于经营性收益。

如果股价的增值和持股一方的劳动没有关联，而是公司所持有的地产或者其他资源因市场行情变动带来的，这部分增值会被认定为自然增值，依然属于持股一方婚前个人财产，即股权增值原因和持股一方的努力无关，就像黄金的价格波动、房屋的涨价一样，不体现个人意志，则增值的部分属于一方的个人财产。

本案的争议焦点是在夫妻关系存续期间将其所持有的公司股权转让，转让有无溢价以及该溢价应否作为夫妻共同财产进行分割。法院认为，该公司成立后，未对土地进行开发，也未进行其他生产经营活动。由此，李磊持有的公司股权价值在婚后的变化，主要是由公司所持有的地产市场行情变动引起的，并不是李磊对公司进行经营管理或者利用该股权进行再投资产生的收益。

《最高人民法院关于适用〈中华人民共和国婚姻法〉若干问题的解释（三）》第五条规定："夫妻一方个人财产在婚后产生的收益，除孳息和自然增值外，应认定为夫妻共同财产。"原审据此认为，李磊转让其持有的公司股权即便有溢价也应定性为自然增值，不应作为夫妻共同财产进行分割，适用法律并无不当。[①]

四、婚前持有的股权在婚后产生的分红、股息、配股，是属于经营所得，还是属于孳息？

针对这一问题的判断标准，也是持股一方是否付出了劳动。如果持股一方仅仅是用婚前财产出资，但婚后未参与公司经营，则分红、股息、配股应该属于个人财产。但其如果参与了公司经营，获得的分红、股息、配股就应该属于投资收益，应作为夫妻共同财产分割。

---

① 最高人民法院（2020）最高法民申1003号民事裁定书，认为如果股权婚后增值，不体现持股一方的劳动，则属于自然增值，增值部分也属于一方个人财产。

法院认为，股权分红属于投资收益中的间接投资，不是孳息也非自然增值，应当属于夫妻共同财产并予以分割。[①]

该案中，法院认为，夫妻一方个人财产在婚后产生的收益，除孳息和自然增值外，应认定为夫妻共同财产。被告婚前在公司的股权属于其婚前个人财产，但婚后被告一直担任公司法定代表人进行经营管理，付出了劳动，该股权产生的增值收益不属于自然增值，应归入于夫妻共同财产之列。[②]

实践中，作为非持股一方，如果离婚时主张分割股权分红，难点在于，非持股一方需要证明婚姻关系存续期间确实存在股权分红，这对未参与公司经营的一方来说是较为困难的，因为分红具有一定的隐蔽性，非持股一方很难提供相应的证据。在长沙市开福区人民法院（2017）湘0105民初3656号民事判决书中，因非持股一方未能举证证明对方婚前持有的湖南某公司35%的股权在婚姻关系存续期间该公司给予持股方的分红情况，法院对于非持股方要求分割对方婚前持有的湖南某公司35%的股权在婚后产生的收益的诉求未予支持。

总的来说，作为配偶，如果持股或在公司任职，有利于获取公司经营的真实资料及分红情况，对于公司的股权和收益能够作出全面的评估。但风险在于，如果对方经营不善，有大笔借款，配偶在持股或者参与公司经营的情况下，借款更有可能被认定为夫妻共同债务，由夫妻双方共同承担。因此，作为非持股一方，是否在配偶经营的公司任职、持股，需要根据家庭风险管理、创业风险及前景、自身职业发展来综合考虑。

[①]　四川省成都市中级人民法院（2021）川01民终7919号民事判决书、北京市高级人民法院（2021）京民终158号民事判决书。以上两个案例中，法院认为婚前持有的股权婚后分红、股息、配股，属于间接投资增值，应该作为夫妻共同财产分割。

[②]　陕西省延安市宝塔区人民法院（2020）陕0602民初1309号民事判决书，法院认为判断股权分红是否属于夫妻共同财产，需要看持股一方在婚后是否参与了公司经营。

法条链接

《最高人民法院关于适用〈中华人民共和国民法典〉婚姻家庭编的解释（一）》

第二十五条　婚姻关系存续期间，下列财产属于民法典第一千零六十二条规定的"其他应当归共同所有的财产"：

（一）一方以个人财产投资取得的收益；

（二）男女双方实际取得或者应当取得的住房补贴、住房公积金；

（三）男女双方实际取得或者应当取得的基本养老金、破产安置补偿费。

第二十六条　夫妻一方个人财产在婚后产生的收益，除孳息和自然增值外，应认定为夫妻共同财产。

第七十三条　人民法院审理离婚案件，涉及分割夫妻共同财产中以一方名义在有限责任公司的出资额，另一方不是该公司股东的，按以下情形分别处理：

（一）夫妻双方协商一致将出资额部分或者全部转让给该股东的配偶，其他股东过半数同意，并且其他股东均明确表示放弃优先购买权的，该股东的配偶可以成为该公司股东；

（二）夫妻双方就出资额转让份额和转让价格等事项协商一致后，其他股东半数以上不同意转让，但愿意以同等条件购买该出资额的，人民法院可以对转让出资所得财产进行分割。其他股东半数以上不同意转让，也不愿意以同等条件购买该出资额的，视为其同意转让，该股东的配偶可以成为该公司股东。

用于证明前款规定的股东同意的证据，可以是股东会议材料，也可以是当事人通过其他合法途径取得的股东的书面声明材料。

《中华人民共和国公司法》

第七十一条　有限责任公司的股东之间可以相互转让其全部或者部分

股权。

股东向股东以外的人转让股权，应当经其他股东过半数同意。股东应就其股权转让事项书面通知其他股东征求同意，其他股东自接到书面通知之日起满三十日未答复的，视为同意转让。其他股东半数以上不同意转让的，不同意的股东应当购买该转让的股权；不购买的，视为同意转让。

经股东同意转让的股权，在同等条件下，其他股东有优先购买权。两个以上股东主张行使优先购买权的，协商确定各自的购买比例；协商不成的，按照转让时各自的出资比例行使优先购买权。

公司章程对股权转让另有规定的，从其规定。

第五篇

离婚全程指南

第一章　了解这些再谈离婚

第一节　决定离婚前，你需要知道的事

1. 尽管感情不再，但如果你对对方的人品依然有信心，可以选择在民政局协议离婚，如果你担心对方不会按时支付抚养费和补偿款，建议通过法院诉讼离婚，这样在对方不支付补偿款和抚养费的情况下，可以直接申请法院强制执行。

2. 离婚和结婚一样，属于人生的重大决策，需要谨慎决定。离婚不仅是结束一段亲密关系，还涉及两个家庭投入的财产、孩子等一系列问题。

3. 如果你们的问题比较棘手，建议你在双方第一次沟通前咨询律师，确定哪种离婚方式适合你，什么样的离婚谈判策略适合你。更关键的是，很多证据只能在双方第一次沟通期间获得。多次沟通后，双方会趋于理性，不会轻易承认对自己不利的事项。

4. 法律上支持的抚养费可能低于很多人的预期。如果能够通过双方谈判确定较高的抚养费标准，对于抚养孩子的一方来说，经济压力会小很多。

5. 如果财产分配方案对你有利，记得签署婚内财产协议，而不是离婚协议。

6. 所谓的忠诚协议、净身出户协议是达不到让对方净身出户的目的的。

第二节　婚内财产协议的重要性

很多客户在咨询律师之前已经和对方签订了离婚协议，但是到起诉的时候才发现，即使白纸黑字签了名，对方还是可以反悔的，这份协议中对自己有利的财产分配方案居然落空了。

出现这个意想不到的结果，是因为你不知道一条规则：离婚协议以离婚为生效条件，需要双方自愿到民政局离婚，或者通过法院调解离婚才能生效。如果有一方不同意离婚，需要法院判决离婚，这份离婚协议就不能生效。

也就是说，当对方有出轨等过错行为，你好不容易让对方签了一份对你有利的离婚协议时，只要对方之后反悔，法官就无法根据这份离婚协议来分割财产。

听到这里，你可能会问，那我应该怎么办呢？我建议你签订婚内财产协议，而不是离婚协议。婚内财产协议同样可以达到争取对你有利的财产分配方案的目的，更重要的是，不管对方是否同意离婚，这份协议都有效。

当然，签订婚内财产协议，也有很多坑要避开。在此，我总结了以下三个最重要的风险。

1. 不能有"如果离婚则财产按照此协议分配"的表述，防止被认定为离婚协议

包含"如果离婚则财产按照此协议分配"，即使标题是婚内财产协议，也容易被认定为离婚协议。而离婚协议如前文所述，只要双方不能达成一致，法院就不会按照离婚协议的约定进行财产分配，而是会根据法律规定来进行财产分配。对此，《最高人民法院关于适用〈中华人民共和国民法典〉婚姻家庭编的解释（一）》第六十九条第一款规定："当事人达成的以协议离婚或者到人民法院调解离婚为条件的财产以及债务处理协议，如果双方离婚未成，

一方在离婚诉讼中反悔的，人民法院应当认定该财产以及债务处理协议没有生效，并根据实际情况依照民法典第一千零八十七条和第一千零八十九条的规定判决。"

2012年，原、被告签订《婚内财产约定》，第二款约定：原告欠崔某某唯一一笔债务（人民币）10万元，在原、被告双方协议离婚之后作废，被告及其家人不得再主张。①

法院认为，该协议虽名称为《婚内财产约定》，但从内容上及庭审中原、被告双方的陈述可知该协议系原、被告双方为实现离婚目的而达成的离婚财产分割协议，属于附条件的民事法律行为，当所附条件成就时协议才生效，所附条件即协议离婚。

刘爽、李东签订了《夫妻婚内协议书》，协议第（二）项房产部分约定：2015年9月6日，刘爽、李东与房地产开发有限公司签订《商品房预售合同》，以按揭贷款方式购买一套房产，该房产为夫妻共同财产。本协议签订后，若刘爽、李东双方离婚，该房产归刘爽所有，李东无权要求分割。②

法院认为，该约定并非纯粹的对双方婚内夫妻共同财产的约定，而是附离婚条件的财产分割协议。本案中，刘爽、李东签订《夫妻婚内协议书》的时间为2018年4月10日，刘爽到法院起诉离婚的时间为2019年6月6日。在离婚诉讼中，李东答辩称如果判决离婚双方名下房产应由双方平均分配。可见，李东在离婚诉讼中对《夫妻婚内协议书》关于房产的约定已经反悔，故确认刘爽、李东双方在《夫妻婚内协议书》中关于房产归刘爽所有的约定未生效，对刘爽、李东双方没有法律约束力。该房产应在刘爽、李东之间平均分配，双方各占50%的份额，剩余按揭贷款应由刘爽、李东共同偿还。

---

① 吉林省长春市朝阳区人民法院（2014）朝民初字第1765号民事判决书。
② 广东省广州市中级人民法院（2021）粤01民终18440号民事判决书。

综上所述，为避免婚内财产协议因涉及离婚时的财产约定被法院认定为离婚协议，从而导致对方可以反悔，因此，在签署婚内财产协议时要避免对离婚相关问题作出约定。

2. 不要约定"如果对方出轨则财产归你"，防止因无法举证对方出轨导致不能分配财产

普通人对于出轨的界定，可能是在对方的聊天记录中发现了一些蛛丝马迹，从而内心觉得对方有很大的概率出轨了。但这些证据拿到法庭上，对方一定会否认。这时候，大部分人都无法提供铁板钉钉的证据。而如果约定对方出轨财产归自己，相当于给财产分配附加了一个前提条件，如果前提条件不成立，那么财产分配方案也就无法进行了。

夫妻双方签订了夫妻财产协议，协议对夫妻个人及共同财产的归属、债权债务的承担、精神损害赔偿金的支付作了约定。双方约定："在双方婚姻关系存续期间，男方存在不忠行为，女方对此不能原谅。在此后，男方在双方婚姻关系存续期间，若男方仍然有不忠行为，除立即离婚外，鞋店以及男方其他财产均归女方所有，作为对女方的精神损害赔偿金。"[1]

法院认为该条双方约定由男方给付女方精神损害赔偿金属于附条件给付，"若男方仍然有不忠行为"是被告给付精神损害赔偿金的条件，庭审中，对此段期间的不忠行为，在男方否认的情况下，女方除当庭陈述以外并无任何证据向法庭提供，因此对男方"仍然有不忠行为"本院不予认可，即男方给付女方精神损害赔偿金的条件不成就，对女方的该项诉请本院不予支持。

法律赋予了夫妻双方对于夫妻财产进行约定的权利，可以约定婚姻关系存续期间所得的财产及婚前财产归各自所有、共同所有或者部分各自所有、

---

[1]　辽宁省大连市普兰店区人民法院（2016）辽0214民初5417号民事判决书。

部分共同所有。如果你们约定，对方有不忠行为则某财产归自己，相当于主动给自己设置了一个障碍，反而不利。

3. 避免仅对房产作出约定，防止被认定为赠与协议从而撤销赠与

一份协议的性质并不是按照标题来界定的。对于婚内财产协议，除了要避免被法院认定为离婚协议之外，还需要防范对方主张系赠与协议，从而导致房产在没有过户的情况下，对方主张撤销赠与。如果被认定为赠与协议，即使双方白纸黑字签署了协议，但在没有办理房产过户时，对方依然可以主张撤销赠与。协议属于婚内财产协议还是赠与协议，可以说对被赠与的一方可谓天壤之别。

之所以婚内财产协议仅约定房产归属，容易被认定为赠与，是因为关于房产的约定，法律有一条特殊规定，即《最高人民法院关于适用〈中华人民共和国民法典〉婚姻家庭编的解释（一）》第三十二条规定："婚前或者婚姻关系存续期间，当事人约定将一方所有的房产赠与另一方或者共有，赠与方在赠与房产变更登记之前撤销赠与，另一方请求判令继续履行的，人民法院可以按照民法典第六百五十八条的规定处理。"《民法典》第六百五十八规定了赠与人任意撤销权，即"赠与人在赠与财产的权利转移之前可以撤销赠与。经过公证的赠与合同或者依法不得撤销的具有救灾、扶贫、助残等公益、道德义务性质的赠与合同，不适用前款规定"。也就是说，如果夫妻之间赠与房产，在未办理转移登记或者加名的变更登记时，如果没有办理公证，则赠与方可撤销。

有人可能会问，《民法典》明明规定，夫妻双方作出的财产约定对双方具有法律约束力，为什么又规定房产赠与可以撤销呢？这是因为关于夫妻之间房产的赠与，是适用《民法典》婚姻家庭编的规定，还是适用合同编的规定，一直存在争议。如果适用《民法典》合同编的规定，意味着在房产进行转移登记或者变更登记之前，赠与人有权行使任意撤销权。最高人民法院吴晓芳法官在《〈婚姻法〉司法解释（三）适用中的疑难问题》一文中提出："对夫妻之间的房产赠与行为，究竟是按《合同法》上的赠与处理还是按照《婚姻法》第十九条的约定处理，我个人认为，无论夫妻双方约定将一方所有的房产赠与对方的比例是多少，都属于夫妻之间的有效约定。但问题是这种有效的赠与约定是否可以撤销，现行《婚姻法》中缺乏相应的规定。婚姻家庭领域的协议常常涉及财产权属的条款，对于此类协议的订立、生效、撤销、变更等并不排斥《合同法》的适用。在实际生活中，赠与往往发生在具有亲密关系或者血缘关系的人之间，《合同法》对赠与问题的规定也没有指明夫妻关系除外。一方赠与另一方不动产或约定夫妻共有，在没有办理变更登记之前，依照《合同法》第一百八十六条的规定，是完全可以撤销的，这与《婚姻法》的规定并不矛盾。"[1]

该文章尽管是结合《最高人民法院关于适用〈中华人民共和国婚姻法〉若干问题的解释（三）》撰写，但《民法典》婚姻家庭编关于夫妻间赠与房产延续了《最高人民法院关于适用〈中华人民共和国婚姻法〉若干问题的解释（三）》的观点，因此仍具参考意义。

《最高人民法院关于适用〈中华人民共和国民法典〉婚姻家庭编的解释（一）》第三十二条关于夫妻之间赠与房产的规定，与《最高人民法院关于适用〈中华人民共和国婚姻法〉若干问题的解释（三）》相比，增加了一种情况，即除了约定将一方所有的房产赠与配偶外，还包括将一方所有的房产约定为共有，即给配偶"加名"。

《最高人民法院关于适用〈中华人民共和国民法典〉婚姻家庭编的解释（一）》延续了《最高人民法院关于适用〈中华人民共和国婚姻法〉若干问题的解释（三）》的观点，认为夫妻之间赠与房产，在《民法典》婚姻家庭编对夫妻间赠与没有特别规定的情况下，参照赠与合同的规定不违反《民法典》婚姻家庭编与物权编、合同编的协调一致性，与《民法典》的精神不明显

---

[1]　吴晓芳：《〈婚姻法〉司法解释（三）适用中的疑难问题》，载《法律适用》2014年第1期。

冲突。①

也就是说，当夫妻间签订了赠与合同，或者说标题为夫妻财产协议而实质内容系夫妻间关于房产的赠与协议时，赠与的标的物是房产而不是其他财产，在未办理转移登记或者加名时，如果赠与协议未办理公证，赠与方有权撤销赠与。

通过上述规定，我们可以总结出，在符合以下情况时，需要注意婚内财产协议被认定为赠与协议的风险。

第一，房产属于一方个人财产。也就是说，该房产如果在约定前属于夫妻共有财产，或者属于与他人共有的财产，不构成夫妻间的房产赠与。

第二，婚内财产协议仅对房产进行约定。因为婚内财产协议是从总体上安排夫妻财产关系，而夫妻间赠与房产是针对房产这一特定财产进行约定，当婚内财产协议并未对夫妻间财产关系从总体上进行安排，而是仅针对房产这一特定财产时，有被认定为赠与协议的风险。

因此，在拟定婚内财产协议时，需要额外注意以下两点，避免对方主张任意撤销权。

第一，避免在协议中仅对房产的归属作出约定，而应对夫妻间财产进行全面约定，如房产、车辆、存款、股票等。

第二，在夫妻财产约定涉及房产归属时，应尽快办理房屋转移登记或变更登记手续。如果不具备变更登记条件，应及时对协议进行公证，避免对方主张任意撤销权。

婚内财产协议的拟定需要一定的专业知识，不仅需要避免和离婚协议发生混淆，还需要判断如何不被对方撤销赠与，因此建议大家咨询专业律师。

---

① 最高人民法院民事审判第一庭编著：《最高人民法院民法典婚姻家庭编司法解释（一）理解与适用》，人民法院出版社2021年版，第304页。

法条链接

《最高人民法院关于适用〈中华人民共和国民法典〉婚姻家庭编的解释（一）》

第三十二条　婚前或者婚姻关系存续期间，当事人约定将一方所有的房产赠与另一方或者共有，赠与方在赠与房产变更登记之前撤销赠与，另一方请求判令继续履行的，人民法院可以按照民法典第六百五十八条的规定处理。

第六十九条第一款　当事人达成的以协议离婚或者到人民法院调解离婚为条件的财产以及债务处理协议，如果双方离婚未成，一方在离婚诉讼中反悔的，人民法院应当认定该财产以及债务处理协议没有生效，并根据实际情况依照民法典第一千零八十七条和第一千零八十九条的规定判决。

《中华人民共和国民法典》

第六百五十八条　赠与人在赠与财产的权利转移之前可以撤销赠与。

经过公证的赠与合同或者依法不得撤销的具有救灾、扶贫、助残等公益、道德义务性质的赠与合同，不适用前款规定。

第一千零六十五条　男女双方可以约定婚姻关系存续期间所得的财产以及婚前财产归各自所有、共同所有或者部分各自所有、部分共同所有。约定应当采用书面形式。没有约定或者约定不明确的，适用本法第一千零六十二条、第一千零六十三条的规定。

夫妻对婚姻关系存续期间所得的财产以及婚前财产的约定，对双方具有法律约束力。

夫妻对婚姻关系存续期间所得的财产约定归各自所有，夫或者妻一方对外所负的债务，相对人知道该约定的，以夫或者妻一方的个人财产清偿。

第二章 离婚财产分割原则

离婚诉讼中，符合哪些条件可以争取多分财产呢？可以多分财产的情形，在法律上包括九种情形，其中六种是在对方隐匿财产时，隐匿财产的一方可以适当少分或者不分财产，还有三种情形是法律规定的可以适当多分财产的情形。

先来了解一下离婚诉讼中，对方可以少分或者不分财产的六种情形。离婚诉讼中，很多当事人担心对方隐匿家庭共同财产，这个担心并不多余，几乎60%以上的案件都会涉及一方涉嫌隐匿财产的情况。[①]对于夫妻一方隐匿财产的行为，《民法典》第一千零九十二条规定了相应的法律后果，即"夫妻一方隐藏、转移、变卖、毁损、挥霍夫妻共同财产，或者伪造夫妻共同债务企图侵占另一方财产的，在离婚分割夫妻共同财产时，对该方可以少分或者不分。离婚后，另一方发现有上述行为的，可以向人民法院提起诉讼，请求再次分割夫妻共同财产。"

一、对方可以少分或者不分财产的六种情形

1.隐藏夫妻共同财产

通常指夫妻一方在离婚协议或者离婚诉讼中承诺再无其他共同财产，但之后又被发现存在其他夫妻共同财产的情形。比如，一方在配偶不知情的情况下申请并领取了住房货币化补贴，离婚诉讼中称该笔款项已全部用于还款，

---

① 最高人民法院民事审判第一庭编著：《最高人民法院民法典婚姻家庭编司法解释（一）理解与适用》，人民法院出版社2021年版，第721页。

但并不能提供还款的证据，法院认定其在该笔款项上存在"离婚时隐藏夫妻共同财产"的行为。

关于房产的隐藏行为，实践中主要有以下三种情形：第一，一方以自己的名义在他处购房，配偶对此不知情。第二，在配偶不知情的情况下将不动产过户至他人名下。第三，在婚姻关系存续期间，一方以隐藏财产为目的，在配偶不知情的情况下以他人名义购置不动产。[①]

2. 转移夫妻共同财产

包括夫妻一方将夫妻共同存款转移至案外人账户，或者将夫妻共有的房产、车辆、股权等无偿或以明显不合理的价格转让给案外人等行为。

最高人民法院2016年发布的66号指导案例——雷某某诉宋某某离婚纠纷案一案中，原告雷某某和被告宋某某于2003年5月19日登记结婚，并于2014年2月分居。雷某某曾于2014年3月起诉要求与宋某某离婚，经法院驳回后，双方感情未见好转。2015年1月，雷某某再次诉至法院要求离婚，并依法分割夫妻共同财产。雷某某于2013年4月30日通过ATM转账及卡取的方式，将尾号为4179账户内的19.5万元转至案外人名下。雷某某始称该款用于家庭开销，后又称用于偿还外债，前后陈述明显矛盾，对其主张亦未提供证据证明，对钱款的去向不能作出合理的解释和说明。法院结合案件事实及相关证据，认定雷某某存在转移、隐藏夫妻共同财产的情节。根据上述法律规定，对雷某某名下中国工商银行尾号4179账户内的存款，雷某某可以少分。故判决雷某某转移的19.5万元存款，由雷某某补偿宋某某12万元。

3. 变卖夫妻共同财产

这里的变卖行为不仅指出售夫妻共同财产，还应当包括私自变卖且隐藏、

---

① 黄蓓、孙路路：《离婚后财产纠纷案件的审理思路和裁判要点|类案裁判方法》，载上海一中法院公众号，最后访问日期：2023年1月27日。

转移、挥霍出售所得收入。

离婚诉讼期间，丈夫王刚擅自将婚后购买的客车作价7.2万元出售给案外人，妻子林临多次沟通要求分割卖车款，王刚都避而不见。法院认为，在离婚诉讼期间，王刚擅自出售夫妻共同共有的车辆并进行变卖，故意躲避原告，可以定性为变卖并隐藏夫妻共同财产的行为，最终酌定林临应分割价款4万元。[①]

4. 毁损夫妻共同财产

毁损夫妻共同财产是指损坏、破坏夫妻共同财产，使财产失去或者部分失去价值。比如，一方砸毁双方共有的车辆这一行为即构成毁损夫妻共同财产。

5. 挥霍夫妻共同财产

《民法典》第一千零九十二条规定："夫妻一方隐藏、转移、变卖、毁损、挥霍夫妻共同财产，或者伪造夫妻共同债务企图侵占另一方财产的，在离婚分割夫妻共同财产时，对该方可以少分或者不分。离婚后，另一方发现有上述行为的，可以向人民法院提起诉讼，请求再次分割夫妻共同财产。"《民法典》与时俱进地增加了挥霍夫妻共同财产这一情形。

挥霍行为典型的案例就是在诉讼离婚期间，一方使用夫妻共同财产对主播进行巨额打赏。比如，有的案例中，一方通过银行卡直付通、支付宝等方式在7个月内在直播网站共充值消费170万余元，全部用于购买网络虚拟礼物送给主播。

6. 伪造夫妻共同债务企图侵占另一方财产

伪造夫妻共同债务，即在婚姻关系存续期间，夫妻一方通过伪造借条、借款合同、公证书等涉及夫妻共同债务，让配偶共同偿还伪造的债务，从而

---

① 邓磊、赵鑫：《婚姻存续期间变卖、隐藏夫妻共同财产，另一方起诉要求分割的，应予支持》，载最高人民法院司法案例研究所公众号，最后访问日期：2023年1月27日。

达到自己多分财产的目的。

需要注意的是，法律对于夫妻一方侵犯夫妻共同财产的法律后果，规定的是"可以"少分或者不分，而不是"应当"少分或不分，也就是说，可以由法官进行自由裁量。

关于少分或者不分财产的范围，是仅限于隐藏、转移、变卖、毁损、挥霍的财产及伪造的夫妻共同债务范围内的夫妻共同财产，还是指全部夫妻共同财产，实践中存在不同观点。最高人民法院民法典贯彻实施工作领导小组在《中华人民共和国民法典婚姻家庭编继承编理解与适用》一书中认为，可以少分或者不分的财产范围，是指应把隐藏、转移、变卖、毁损的财产作为隐藏、转移、变卖、毁损财产的一方分得的财产份额，对另一方的应得的份额应以其他夫妻共同财产折抵，不足折抵的，差额部分由隐藏、转移、变卖、毁损财产的一方折价补偿对方。[①]也就是说，少分或者不分财产的范围仅限于隐藏、转移、变卖、毁损、挥霍或者伪造的夫妻共同债务范围内的夫妻共同财产，并非全部夫妻共同财产。而最高人民法院民事审判第一庭认为，可以少分或者不分针对的是夫妻共同财产总额，不限于隐藏、转移、变卖、毁损的财产。[②]其中第一种观点在实践中被采纳得更多。

关于一方少分的比例，《民法典》没有明确。部分地区对于少分比例予以明确，如《福建省实施〈中华人民共和国妇女权益保障法〉办法》第三十五条第二款规定："离婚时，男方隐藏、转移、变卖、毁损夫妻共同财产，或伪造债务企图侵占夫妻共同财产中女方应得份额和女方个人财产的，女方分割的夫妻共同财产份额不低于百分之七十。"

[①]　最高人民法院民法典贯彻实施工作领导小组主编：《中华人民共和国民法典婚姻家庭编继承编理解与适用》，人民法院出版社2020年版，第340—341页。

[②]　最高人民法院民事审判第一庭编：《民事审判指导与参考》，人民法院出版社2020年第2期（总第82辑），第230页。

二、可以适当多分财产的三种情形

第一，照顾抚养子女一方权益。

第二，照顾女方权益。

第三，照顾无过错方权益。离婚时，分割夫妻共同财产需要照顾无过错方权益，属于《民法典》新增规定，加大了对婚姻中无过错方的保护力度。关于适当多分的比例，《民法典》未予以明确规定，实践中通常会考虑过错方的过错程度。

"按照照顾抚养子女一方权益、照顾女方权益和无过错方权益的原则判决"具体应该如何理解呢？结合最高人民法院对离婚财产分割案件中有关法官行为规范的建议问题的答复："在具体审理离婚财产分割案件中，除了过错因素将影响法院在确定离婚财产分割比例上的判断之外，还有一个因素不能忽视，即妇女、儿童这类弱势群体的合法权益保护问题。换言之，在离婚财产分割时，法院在确定各自分割比例时，还需加入子女、女方这一因素。在双方其他因素大致相仿的情形下，可对有子女抚养权的一方或女方适当多分。"

通常情况下，如果符合可以适当多分的情形，可以在本身应得份额的基础上酌情多分一些，而不会剥夺另一方分割财产的权利。比如，《福建省实施〈中华人民共和国妇女权益保障法〉办法》第三十五条规定，男方有重婚，有配偶者与他人同居，实施家庭暴力，虐待、遗弃家庭成员等情形导致离婚，女方无过错的，女方分割的夫妻共同财产份额不低于百分之六十。

综上所述，在离婚案件中，对于夫妻共同财产，法院在分割时也不是完全对半分。当对方存在隐匿财产的情形，或者一方属于妇女、儿童这类弱势群体以及无过错方时，要保留夫妻共同财产客观存在、对方存在隐匿财产的行为，或对方存在过错的证据，并向法院主张适当多分财产，以保护自己的合法权益。

第三章　对方出轨怎么办

第一节　如何合法拿到对方出轨的证据

　　根据最高人民法院发布的司法大数据离婚纠纷专题报告[①]，2016年1月1日至2017年12月31日法院审理结案的案件中，导致离婚的原因中，婚外情的比例并不高，占2%左右。排在第一位的原因是感情不和，占77.51%。排在第二位的是家庭暴力，占14.86%。排在第三位的是失踪或离家不归。

　　这一方面是因为离婚的原因确实非常多，如三观不合、进步速度不同步、家庭暴力、和老一辈的矛盾等，都有可能导致婚姻走向尽头。另一方面是因为出轨案件证据收集较难，能够让法院认定构成出轨的证据并不多，或者是双方出于对隐私的保护或者对孩子的顾虑，不愿意在司法程序中提及出轨，导致此类案件统计数据占比较少。

一、发现配偶出轨时如何取证

1. 和配偶当面谈话并录音

　　在两人面谈时，对方很难回避这一问题。谈话中对方可能会亲口承认自己出轨。注意录音如果是用录音笔或者手机录制，一定要保存在当时录制的设备上，剪切到电脑会导致证据失去原始载体而不被采纳。

2. 让对方手写保证书，保证不再出轨

　　有对方签字的保证书也可以用来证明对方有出轨行为。注意，保证书中

　　[①]　最高人民法院发布《司法大数据离婚纠纷专题报告》，https：//www.sohu.com/a/226362543_99979239，最后访问日期：2023年1月4日。

的用词尽量表述清楚是出轨，而不是过错，因为有些保证书里写的是过错，到法庭上对方会反悔，说过错是别的过错，而不是出轨。

3. 微信聊天记录或者短信

在微信聊天记录或短信中，对方承认出轨，也可以作为证据使用。对方如果后悔自己的出轨行为对家庭造成的伤害，可能会在微信聊天中承认出轨并承诺改正，如果微信聊天中对方明确承认出轨，也可以作为证据使用。

4. 家庭摄像头拍下的照片和视频

如果配偶和"第三者"一起在家里有亲密举动，家庭摄像头的监控视频是可以作为合法证据使用的。

5. 家庭车辆内配偶和"第三者"的对话录音

如果这辆车是夫妻共同财产，则在家庭使用的车辆内放置录音设备取得的证据也是合法的。

6. 配偶和"第三者"的微信聊天记录

这也是涉及婚外情案件最重要的举证途径。微信证据分为文字微信记录、图片微信记录、语音微信记录、视频微信记录、网页链接和微信转账记录，这些记录都是电子数据的一种，属于法定的证据之一。需要注意的是，发现配偶和"第三者"的微信聊天记录时，除对文字、图片、语音、视频、网页链接这些微信记录进行取证外，一定要查看双方的转账记录，确认双方是否有大额转账以及节日是否有特殊意义的金额来往。方法是点击"第三者"的微信头像，选择发消息，点击右上角的…，点击查找聊天记录，选择交易，就能看到两人之间的转账往来。

当发现配偶和"第三者"的微信聊天记录或者有两人合影的朋友圈时，很多人只会截图或者用自己的手机拍照。但这样的取证方式，极有可能在开庭时被对方质疑聊天记录的真实性和完整性，因为通过ps[①]或者聊天记录软件是可以伪造微信聊天记录的。

---

① ps，即photoshop，是一种图片编辑软件。

如果想用微信聊天记录作为对自己有利的证据提供给法庭，需要保证微信聊天记录的真实性、合法性、关联性。最重要的就是，确认微信聊天记录中的对方是否是你的配偶，否则法院无法采信这一证据。

这时候正确的做法应该是，用自己的手机通过录像的方式进行取证，录制结束后把这些微信聊天记录选中后转发到自己的微信，这样相当于对于微信聊天记录的取证做了双保险，万一视频录制得有问题，转发的微信聊天记录也可以独立作为证据使用。

拍摄视频的过程中，需要注意以下四点。

其一，需要把双方个人信息页面录制进去，也就是包含头像和微信号的个人信息页面，这么做的原因是通过对方的微信本人头像、微信名、微信注册使用的手机号，有助于我们证明这一微信账号是对方本人使用的。

其二，聊天记录需要完整拍摄，不能只截取对自己有利的部分聊天记录。微信聊天记录中如果有图片，图片需要打开；对于语音微信，需要在录制的过程中转化成文字并播放出来；视频或链接如果和离婚案件有关联，也需要点击展示。

其三，需要把双方的朋友圈内容也拍摄进去。一方面，朋友圈如果有两个人的合影，或者相同时间相同定位的内容，更有利于我们去证明双方存在婚外情关系。另一方面，当对方朋友圈有个人照片时，可以有效避免对方否认该账号系本人使用。

其四，需要保存原始载体。手机里的视频需要保留在录制的手机上，不要剪切到电脑或优盘中，因为到法院的时候需要用手机展示相应的视频，这也就是我们一直强调的保留证据的原始载体。

7. 在公共场合拍到的配偶和"第三者"亲密的照片或者视频

如果一方在公共场合拍到了配偶和"第三者"举止亲密的照片或者视频，这种证据的获取并不违法，也可以证明对方出轨。需要注意的是，不能雇用私家侦探跟拍。

二、需要避免的取证方式

哪些证据难以证明对方出轨，或者获取手段本身存在法律风险呢？法律规定，对于以严重侵害他人合法权益、违反法律禁止性规定或者严重违背公序良俗的方法形成或者获取的证据，不得作为认定案件事实的根据。也就是说，如果取证的时候缺乏基本的法律知识，会导致获取的证据被排除。以下证据，通常不会被采纳。

1. 使用针孔摄像头拍摄的视频或者照片

如果一方购买针孔摄像头进行拍摄，即使是在家拍摄，获取的证据也会因为取证手段违法而不被采纳。如果造成了严重后果，因为非法窃听、窃拍导致窃听、窃拍对象伤、亡，受到重大财产损失，那还可能涉嫌构成非法使用窃听专用器材罪。

2. 找私家侦探调查对方的行踪

在我国，私家侦探是不合法的存在，而且私家侦探只要收费在5000元以上就会涉嫌构成侵犯公民个人信息罪。因此，通过这种手段去收集对方出轨的证据，风险太大，而且很难被法院采纳。

《刑法》第二百五十三条之一第一款规定："违反国家有关规定，向他人出售或者提供公民个人信息，情节严重的，处三年以下有期徒刑或者拘役，并处或者单处罚金；情节特别严重的，处三年以上七年以下有期徒刑，并处罚金。"而个人行踪就属于个人信息的一种。

3. 通过在车辆上安装定位器获得对方的行踪

这种方法涉嫌侵犯对方的隐私权，后果是可能需要支付配偶精神损害抚慰金。

关于在配偶车上安装定位是否侵犯对方隐私权，以及夫妻关系能否作为侵权的豁免理由，可以看看以下这个案例。

2021年，在北京市海淀法院一审的案例中，妻子因怀疑丈夫出轨，私自在丈夫常开的轿车排气管处安装定位器。最终法院判定妻子侵犯丈夫隐私权，赔偿丈夫精神损害抚慰金2000元。

法院认为，隐私是自然人的私人生活安宁和不愿为他人知晓的私密空间、私密活动、私密信息。隐私权是自然人所享有的重要的人格权利。隐私权侧重于保护信息的内容，即未经他人同意，不得以拍摄、窥探、公开等方法获取自然人不愿为他人所知晓的私密信息，或干扰他人的私生活安宁。

本案中，依据现有的证据显示，妻子主张其于2020年9月17日在丈夫名下雪佛兰牌轿车排气管后面安装定位器，目的在于随时知晓车辆的位置。两人属于夫妻关系，通常情况下，如果安装定位器用于车辆安全的保护，大可不必向相对方予以隐瞒。由于妻子对其行为无法作出合乎常理的解释，因此合理的分析就是，其安装定位器的目的在于探知丈夫的行踪信息等。在无其他合理解释时，认定妻子通过安装定位器获取他人隐私的主观目的这一事实具有高度可能性。因此，妻子所侵犯的客体是丈夫的隐私，即以"跟踪"的方法对丈夫私生活安宁和私密活动进行"窥探"。

法院认为，通过缔结婚姻而形成的夫妻身份关系虽然受到法律的保护，但并不意味着夫妻一方通过缔结婚姻而取得对配偶权利完全的支配。夫或妻一方先是法律保护的自然人个体，而后通过婚姻结合成家庭。涉及自然人尊严以及人格发展的各项基本人格权利不能因为婚姻关系的缔结而受到剥夺，家庭成员的身体健康、名誉隐私等权利仍然受到民事法律最高层次的保护。本案中双方虽属于夫妻关系，但并不意味着双方没有任何隐私权利，当然，也不意味着任何一方的隐私权利在任何时候都要受到绝对的保护。通常情况下，一方目的不当，手段具有不法性，或一方虽然目的合法，但所使用的手段具有不法性。只有基于婚姻关系在目的正当且手段也正当的情形下，才会豁免侵权行为，如夫妻一方通过申请调查取证而得到对方的隐私信息。本案中，由于夫妻之间具有相互忠诚的道德义务，妻子有权过问甚至调查丈夫是否具有违背夫妻忠诚义务的不当行为，此即为目的上具有正当性。但妻子为了实现正当目的，通过私自安装定位器的做法明显具有违法性。《最高人民法院关于适用〈中华人民共和国民事诉讼法〉的解释》第一百零六条规定，如果以严重侵害他人合法权益、违反法律禁止性规定或者严重违背公序良俗的方法形成或者获取的证据，不得作为认定案件事实的根据。这其中就包括以侵害他人隐私而获得的视频资料数据，进一步体现了法律、司法解释对手段不合法而获取他人私密信息的否定性评价。

因此，在发现配偶出轨时，建议大家还是采取录音、完整录制对方和"第三者"的微信聊天记录、让对方出具悔过书等合法的方式，以较小的代价拿到对方出轨的证据。如果采用偷拍偷录、寻找私家侦探、安装定位等方式，会侵犯配偶的合法权益，也会让本身无过错的自己反而变得较为被动。

法条链接

《中华人民共和国刑法》

第二百五十三条之一　违反国家有关规定，向他人出售或者提供公民个人信息，情节严重的，处三年以下有期徒刑或者拘役，并处或者单处罚金；情节特别严重的，处三年以上七年以下有期徒刑，并处罚金。

违反国家有关规定，将在履行职责或者提供服务过程中获得的公民个人信息，出售或者提供给他人的，依照前款的规定从重处罚。

窃取或者以其他方法非法获取公民个人信息的，依照第一款的规定处罚。

单位犯前三款罪的，对单位判处罚金，并对其直接负责的主管人员和其他直接责任人员，依照各该款的规定处罚。

第二百八十四条　非法使用窃听、窃照专用器材，造成严重后果的，处二年以下有期徒刑、拘役或者管制。

《禁止非法生产销售使用窃听窃照专用器材和"伪基站"设备的规定》

第三条　本规定所称窃听专用器材，是指以伪装或者隐蔽方式使用，经公安机关依法进行技术检测后作出认定性结论，有以下情形之一的：

（一）具有无线发射、接收语音信号功能的发射、接收器材；

（二）微型语音信号拾取或者录制设备；

（三）能够获取无线通信信息的电子接收器材；

（四）利用搭接、感应等方式获取通讯线路信息的器材；

（五）利用固体传声、光纤、微波、激光、红外线等技术获取语音信息的器材；

（六）可遥控语音接收器件或者电子设备中的语音接收功能，获取相关语音信息，且无明显提示的器材（含软件）；

（七）其他具有窃听功能的器材。

第四条　本规定所称窃照专用器材，是指以伪装或者隐蔽方式使用，经公安机关依法进行技术检测后作出认定性结论，有以下情形之一的：

（一）具有无线发射功能的照相、摄像器材；

（二）微型针孔式摄像装置以及使用微型针孔式摄像装置的照相、摄像器材；

（三）取消正常取景器和回放显示器的微小相机和摄像机；

（四）利用搭接、感应等方式获取图像信息的器材；

（五）可遥控照相、摄像器件或者电子设备中的照相、摄像功能，获取相关图像信息，且无明显提示的器材（含软件）；

（六）其他具有窃照功能的器材。

《最高人民法院、最高人民检察院关于办理侵犯公民个人信息刑事案件适用法律若干问题的解释》

第一条　刑法第二百五十三条之一规定的"公民个人信息"，是指以电子或者其他方式记录的能够单独或者与其他信息结合识别特定自然人身份或者反映特定自然人活动情况的各种信息，包括姓名、身份证件号码、通信通讯联系方式、住址、账号密码、财产状况、行踪轨迹等。

第二节 忠诚协议要不要签

面对配偶出轨，有些人会选择离婚，结束这段关系；有些人会选择原谅，但是会让出轨一方写一份忠诚协议，约定"如果再次出轨，则所有财产归对方，自己净身出户"。殊不知，如果对方之后真的再次出轨，这份忠诚协议对于无过错一方依然毫无保障。

一、忠诚协议的风险

作为律师，如果因为对方出轨，你希望分到更多财产，我不建议你签订忠诚协议，因为签订忠诚协议对于非过错一方来说有两个方面的风险。

第一个风险是举证风险。如果约定对方如若再次出轨，则所有财产归自己，而法律意义上证明对方出轨，是需要直接充分的证据的，而不是说看到对方和"第三者"暧昧的聊天记录就算出轨了。在相当多的案例中，非过错方因为无法证明配偶出轨，最终法院没有支持其按照忠诚协议分割财产的请求。

原、被告于2005年12月相识，婚后双方签订忠诚协议，内容为：夫妻双方自觉忠诚于对方，如出现背叛行为，自愿放弃家庭所有财产，净身出户；如若离婚，孩子归男方抚养。[①]

庭审中，被告提交录音光盘一份，录音内容系原告认可自己有出轨行为，主张原告违背夫妻忠实义务。经质证，原告主张该录音系在被告无端怀疑猜测的情况下不择手段取得的，是在原告不自愿情况下的陈述，单有录音属于孤证，无其他证据相佐证，无法证实被告的主张，原告在夫妻关系存续期间没有出轨行为；被告认可系双方协商解决自身感情问题时所录音，不是在出

---

① 山东省泰安市中级人民法院（2016）鲁09民终1539号民事判决书。

轨现场，也未能对所谓"原告出轨"的基础事实提交证据。

关于本案中录音能否证明原告出轨，法院认为，被告提交的录音系双方协商解决自身感情问题时的对话，并非"出轨"时的情形，不能据此认定当时的对话均系各人的真实意思表示。现原告对所谓的"出轨"予以否认，因此仅有原告在协商时的陈述，而没有基础事实存在的相关证据，不能对"原告有出轨行为"进行认定，被告的主张，原审法院不予采信。最终对于夫妻共同财产，法院予以平均分割，而没有按照忠诚协议约定都归被告一方。

第二个风险在于法院对于忠诚协议的效力，本身持否定态度的较多。尽管部分判例认为，夫妻双方经过协商约定，一方违反忠实义务的，应向另一方支付赔偿，该约定并未违反法律的禁止性、效力性规定。但更多的判例对此持否定态度。

江苏省高级人民法院民一庭在《家事纠纷案件审理指南（婚姻家庭部分）》第二十四条指出："……夫妻忠诚协议是夫妻双方在结婚前后，为保证双方在婚姻关系存续期间不违反夫妻忠诚义务而以书面形式约定违约金或者赔偿金责任的协议。夫妻是否忠诚属于情感道德领域的范畴，夫妻双方订立的忠诚协议应当自觉履行。夫妻一方起诉主张确认忠诚协议的效力或者以夫妻另一方违反忠诚协议为由主张其承担责任的，裁定不予受理，已经受理的，裁定驳回起诉。"

《浙江省高级人民法院民一庭关于审理婚姻家庭案件若干问题的解答》第六个问题："婚姻关系存续期间，夫妻双方订立如一方发生婚外情或实施家庭暴力等行为，离婚时放弃财产的协议，或者一方出具前述内容的承诺或保证书，另一方起诉以夫妻财产约定为由请求确认协议、承诺或保证书有效并要求据此分割财产的，能否予以支持？"

答："婚姻关系存续期间，夫妻双方订立如一方发生婚外情或实施家庭暴力等行为，离婚时放弃财产的协议，或者一方出具的前述内容的承诺或保证书，是对特定条件成就后离婚时夫妻财产分割的约定，非属《婚姻法》第十九条规定的夫妻财产约定。参照《婚姻法司法解释（三）》第十四条'当事人达成的以登记离婚或者到人民法院协议离婚为条件的财产分割协议，如果双方协议离婚未成，一方在离婚诉讼中反悔的，人民法院应当认定该财产分割协议没有生效，并根据实际情况依法对夫妻共同财产进行分割'的规定，一方在离婚诉讼中反悔的，对此协议、承诺或保证书的效力应不予确认，法院应根据实际情况对财产进行分割。一方存在婚外情、家庭暴力等过错且导致离婚，另一方无过错的，在夫妻共同财产分割时，可综合考虑过错情况等，对无过错方酌情予以照顾，以平衡双方利益。"

原、被告于2005年经人介绍相识，并于2006年9月登记结婚，2010年婚生一女。忠诚协议约定，要孝敬父母，如果谁出轨谁就净身出户。原告要求按原、被告自愿签订的忠诚协议履行其中要求被告赔偿原告精神损害及身心损害的条款，履行其中要求被告放弃共同财产的条款。[①]

法院认为，原告请求依据双方签订的"忠诚协议"的约定判令被告放弃共同财产的诉讼请求。依据《最高人民法院关于适用〈中华人民共和国婚姻法〉若干问题的解释（三）》第十四条规定"当事人达成的以登记离婚或者到人民法院协议离婚为条件的财产分割协议，如果双方协议离婚未成，一方在离婚诉讼中反悔的，人民法院应当认定该财产分割协议没有生效，并根据实际情况依法对夫妻共同财产进行分割"。现被告在诉讼中对"忠诚协议"的效力予以否认，故该"忠诚协议"虽为被告当时的真实意思表示，但在离婚案件审理中，本院对其"忠诚协议"的效力不予认定。从现有证据可以认定被告对婚姻的破裂负有主要责任，故被告应对其过错行为承担法律责任，在分割双方共同财产时，应对作为无过错方的原告予以照顾，被告应当少分财产。

---

① 黑龙江省哈尔滨市南岗区人民法院（2015）南民一民初字第1776号民事判决书。

也就是说，法院没有认可忠诚协议的效力，考虑到男方的过错，分配财产时向女方予以倾斜，但是远远达不到忠诚协议约定的过错方净身出户的程度。

二、警惕忠诚条款

需要注意的是，不仅需要避免签订忠诚协议，还需要注意在婚内财产协议中，不要约定忠诚条款（一方保证忠诚，否则净身出户，或者向对方支付赔偿金），否则这份协议也容易被认定为忠诚协议，从而导致对无过错一方的保护力度大大减弱。

丈夫李某与马某于2012年登记结婚并生有一女。婚后，李某与异性罗某存在不正当交往，导致罗某两次怀孕。2017年1月，李某与马某签订婚内协议一份，约定今后双方互相忠诚，如因一方过错行为（婚外情等）造成离婚，女儿由无过错方抚养，过错方放弃夫妻名下所有财产，并补偿无过错方人民币20万元。协议签订后，李某仍与罗某保持交往，罗某于2017年7月产下一子。李某诉至法院要求离婚，马某同意离婚并主张按照婚内协议约定，处理子女抚养和夫妻共同财产分割。[①]

法院认为，关于财产分割及经济补偿的约定，系忠诚协议，不属于《婚姻法》第十九条规定的夫妻财产约定情形，马某主张按照婚内协议处理子女抚养及财产分割无法律依据。《婚姻法》第十九条（现《民法典》第一千零六十五条）规定，夫妻可以约定婚姻关系存续期间所得的财产以及婚前财产归各自所有、共同共有或部分各自所有、部分共同共有。夫妻财产特别约定制度给予了夫妻双方处分财产的自由和空间，但此类约定一旦与"保证忠诚"挂钩，即成为忠诚协议。

---

① 2019年度江苏法院婚姻家庭十大典型案例之四：李某诉马某离婚纠纷案——婚内忠诚协议不受法律保护财产分割案情。

夫妻间的忠诚义务更多的是一种情感道德义务，夫妻虽自愿以民事协议的形式将夫妻忠诚的道德义务转化为法律义务，但也是变相以金钱衡量忠诚，存在道德风险。因此，夫妻间订立的忠诚协议应由当事人自觉履行，法律并不赋予其强制执行力，不能以此作为分割夫妻共同财产或确定子女抚养权归属的依据，但在离婚分割夫妻共同财产时，应综合考虑婚姻关系中各自的付出，过错方的过错程度和对婚姻破裂的消极影响，对无过错方酌情予以照顾，平衡双方利益，以裁判树立正确的价值导向。

三、律师建议

对于忠诚协议，有以下两个建议。

第一，让对方写一份书面的保证书/承诺书，仅仅承认自己出轨的事实，以及承诺改正，不涉及任何子女抚养的问题、财产问题。这份保证书的作用是固定对方出轨的证据，防止对方以后拒绝承认。

第二，签署婚内财产协议而不是忠诚协议。二者的区别在于婚内财产协议是法律规定的夫妻双方约定财产归属的形式，而忠诚协议在《民法典》中没有规定，在各地法院的细则中又多持否定态度。为避免日后发生纠纷，法院不予认可忠诚协议的效力，建议大家尽量选择婚内财产协议来保护自身权益。需要注意的是，婚内财产协议仅仅是对财产进行约定，不能涉及离婚、出轨、保证忠诚、子女抚养等问题，具体注意事项可以参考"婚内财产协议的重要性"这一节内容。

第三节　配偶出轨的，非过错方能否主张赔偿及多分财产

法律界定感情破裂的条件较为严格，列举的情形包括重婚、与他人同居等，而出轨如果未达到重婚和与他人同居的程度，并不属于感情破裂的法定情形。那么，面对配偶偶发性的出轨，作为没有过错的一方，能不能主张赔偿以及相应地多分财产呢？

一、配偶出轨的，无过错一方能否主张离婚损害赔偿？

在《民法典》施行前，根据《婚姻法》的规定，能够主张离婚损害赔偿的只包括重婚，与他人同居，实施家庭暴力，虐待、遗弃家庭成员这四种情形，其他情形均不能适用离婚损害赔偿制度。而《民法典》增加了一个兜底条款，由法院根据具体案件情况，结合过错情节、伤害后果等因素，对过错方是否存在重大过错进行认定。[①]

也就是说，配偶出轨，作为非过错一方，并不必然能主张损害赔偿，只有一方出轨过错情节严重、造成严重后果，构成重大过错的，才能被支持离婚损害赔偿。

二、赔偿标准

离婚损害赔偿金额通常不超过10万元。比如，浙江省温州市中级人民法院《关于适当提高精神损害抚慰金数额的意见》第一条规定："根据浙江省高级人民法院民一庭浙高法民一〔2013〕5号《关于人身损害赔偿费用项目有关问题的解答》第十五条的规定，精神损害抚慰金数额应依据最高人民法院

---

① 最高人民法院民法典贯彻实施工作领导小组主编：《中华人民共和国民法典婚姻家庭编继承编理解与适用》，人民法院出版社2020年版，第332页。

《关于确定民事侵权精神损害赔偿责任若干问题的解释》第十条的规定确定，根据我市审判实践，一般以5万元为限。如果侵权行为情节特别恶劣，被侵权人的损害程度特别严重或者社会影响特别大，可适当提高赔偿金额，但原则上不超过10万元。"

该意见第二条规定《婚姻法》第四十四条规定的离婚损害赔偿的数额也按照上述规定执行。尽管这是区域性规定，且系《民法典》施行前的规定，但实践中多数离婚案件损害赔偿金额在10万元以下。

三、提出赔偿的前提条件

1. 夫妻中一方对离婚存在法律规定的过错行为。过错的情形必须严格符合法律规定。

2. 请求方无过错。如果夫妻双方均有过错的，人民法院对其离婚损害赔偿请求不予支持。

3. 因该严重过错行为导致夫妻离婚。也就是说，只有夫妻双方离婚的，离婚损害赔偿才有适用空间，如果双方未离婚，或者法院判决不准离婚，对于无过错方提出的损害赔偿请求也不予支持。

对于在民政局协议离婚的，如果协议离婚时，双方已经明确表示放弃主张离婚损害赔偿金的，如果再行起诉，法院也不会支持。如果协议离婚时，双方没有明确约定，则离婚后可以再向法院提出损害赔偿请求。

四、无过错一方可以主张多分夫妻共同财产

当对方存在上述法律规定的过错情形时，无过错一方除可以主张离婚损害赔偿外，还可以主张适当多分夫妻共同财产。

《民法典》关于共同财产的分割原则，在《婚姻法》的基础上增加了一条，即除原来的照顾子女原则、照顾女方原则外，增加了照顾无过错方的原则。也就是说，当对方存在过错时，无过错一方除可以主张离婚损害赔偿外，还可以主张在确定夫妻共同财产分割比例时，适当照顾无过错一方。

通过上述分析，我们可以看出，当配偶出轨，但是并未达到重婚、与他人同居（通常三个月以上）的程度时，作为非过错一方想要主张离婚损害赔偿，难度是很大的。想要主张适当多分夫妻共同财产，同样需要配偶达到上述法定过错的程度。如果最终法院认定配偶方出轨情节不构成法律规定的过错，则对于非过错一方的保护力度非常薄弱。因此，当发现配偶出轨时，如果能够协商签署夫妻财产协议，将夫妻共同财产按照非过错一方占70%或者80%的比例进行约定，对于非过错一方来说，保护力度是最大的，且婚内财产协议本身也是法律规定的合法财产约定方式，相较于其他约定法律风险更小。

法条链接

《中华人民共和国民法典》

第一千零八十七条第一款　离婚时，夫妻的共同财产由双方协议处理；协议不成的，由人民法院根据财产的具体情况，按照照顾子女、女方和无过错方权益的原则判决。

第一千零九十一条　有下列情形之一，导致离婚的，无过错方有权请求损害赔偿：

（一）重婚；

（二）与他人同居；

（三）实施家庭暴力；

（四）虐待、遗弃家庭成员；

（五）有其他重大过错。

《最高人民法院关于适用〈中华人民共和国民法典〉婚姻家庭编的解释（一）》

第八十六条　民法典第一千零九十一条规定的"损害赔偿"，包括物质损害赔偿和精神损害赔偿。涉及精神损害赔偿的，适用《最高人民法院关于确定民事侵权精神损害赔偿责任若干问题的解释》的有关规定。

第八十七条 承担民法典第一千零九十一条规定的损害赔偿责任的主体，为离婚诉讼当事人中无过错方的配偶。

人民法院判决不准离婚的案件，对于当事人基于民法典第一千零九十一条提出的损害赔偿请求，不予支持。

在婚姻关系存续期间，当事人不起诉离婚而单独依据民法典第一千零九十一条提起损害赔偿请求的，人民法院不予受理。

第八十八条 人民法院受理离婚案件时，应当将民法典第一千零九十一条等规定中当事人的有关权利义务，书面告知当事人。在适用民法典第一千零九十一条时，应当区分以下不同情况：

（一）符合民法典第一千零九十一条规定的无过错方作为原告基于该条规定向人民法院提起损害赔偿请求的，必须在离婚诉讼的同时提出。

（二）符合民法典第一千零九十一条规定的无过错方作为被告的离婚诉讼案件，如果被告不同意离婚也不基于该条规定提起损害赔偿请求的，可以就此单独提起诉讼。

（三）无过错方作为被告的离婚诉讼案件，一审时被告未基于民法典第一千零九十一条规定提出损害赔偿请求，二审期间提出的，人民法院应当进行调解；调解不成的，告知当事人另行起诉。双方当事人同意由第二审人民法院一并审理的，第二审人民法院可以一并裁判。

第八十九条 当事人在婚姻登记机关办理离婚登记手续后，以民法典第一千零九十一条规定为由向人民法院提出损害赔偿请求的，人民法院应当受理。但当事人在协议离婚时已经明确表示放弃该项请求的，人民法院不予支持。

第九十条 夫妻双方均有民法典第一千零九十一条规定的过错情形，一方或者双方向对方提出离婚损害赔偿请求的，人民法院不予支持。

第四节　转给"第三者"的钱怎样拿回来

当配偶给"第三者"转账时，想要主张"第三者"返还款项，其实并不是一件容易的事情，你会面临以下需要解决的问题：是能主张"第三者"返还全款，还是只能主张自己的那一半份额，而配偶的那一半无权干涉？对于配偶给"第三者"的转账，如果是小金额的转账，如1000元以下的，还能要回吗？怎样去获取对方转账的证据？"第三者"对于我们已婚是否知情，对于财产的返还有没有影响？

当配偶没有经过你的允许，转账给"第三者"，这种行为属于夫妻一方擅自将共同财产赠与他人的行为。《民法典》第一千零六十二条第二款规定："夫妻对共同财产，有平等的处理权。"而未经配偶同意转账给"第三者"的行为，也违背了公序良俗原则。赠与行为应认定无效，配偶依法可以要求"第三者"返还财产。

一、起诉"第三者"返还财产，是能主张全额返还，还是只能主张返还一半？

起诉"第三者"返还财产，部分判决认为"第三者"应该返还一半，部分判决支持全部返还。对于"第三者"返还的份额多少，需要根据起诉时夫妻俩是否已经离婚来判断。

第一，起诉时夫妻尚未离婚，"第三者"应全额返还。主要理由是，夫妻共同财产应作为一个不可分割的整体，夫妻对全部共同财产不分份额地共同享有所有权，这是基于夫妻之间的共有关系。

陈琛与耿丹均有合法配偶，双方于2012年相识，并建立不正当的男女关系。在两人交往期间，陈琛通过银行转账的方式多次向耿丹支付款项，截至

2019年7月19日，累计支付237.3万元。[①]

法院认为，耿丹应返还陈琛237.3万元而非118.65万元，理由如下：

1.在婚姻关系存续期间，夫妻共同财产应作为一个不可分割的整体，夫妻对全部共同财产不分份额地共同享有所有权，夫妻双方无法对共同财产划分个人份额，在没有重大理由时也无权于共有期间请求分割共同财产。只有在共同共有关系终止时，才可对共同财产进行分割，确定各自份额。因此，夫妻一方擅自将共同财产赠与他人的行为应全部无效，而非部分无效。本案中，陈琛赠与耿丹大额财产，显然不是因日常生活需要而处理夫妻共同财产的行为，其未经妻子同意赠与耿丹钱款，侵犯了妻子的财产权益，该赠与行为应认定为无效。

2.超出日常生活需要对夫妻共同财产进行处分，双方应当协商一致。本案中，陈琛未经配偶同意，单独将大额夫妻共同财产赠与耿丹，属于无权处分，其配偶作为财产共有人有权追回该财产。而耿丹与陈琛均有配偶，仍与对方发生婚外恋情，耿丹据此接受陈琛大额财产的赠与，不能视为善意第三人，其不能因善意取得而取得陈琛赠与财产的所有权。

3.耿丹未提供证据证明陈琛赠与其的财产中存在用于双方日常共同开支和共同消费的款项及该款项的数额，其以此为由，主张仅应向陈琛妻子返还受赠财产的一半，证据不足。

此外，法律不可能同时保护所有民事主体的利益，从利益权衡和价值取舍角度来看，法律保护无过错配偶一方的合法权益及合法婚姻，而非保护与有配偶者同居的"第三者"的不法利益及违法同居关系并无不妥。

第二，起诉时夫妻已经离婚，只能要求"第三者"返还属于自己的份额，但是可以主张适当多分。

---

① 湖南省郴州市中级人民法院（2021）湘10民终2311号民事判决书。

杨某与杜某于2001年8月登记结婚，2012年6月经法院调解离婚。杜某出资300万元用于支付"第三者"刘某购买房屋的首付款，并于2008年7月向"第三者"转账50万元，上述款项均发生于杜某与杨某的婚姻关系存续期间，系杜某与杨某夫妻共同财产，杜某的赠与行为明显并非出于夫妻日常生活需要，事前未经共有权人杨某同意，事后亦未取得杨某追认，属擅自处分夫妻共有财产行为，侵害了杨某对于夫妻共有财产的所有权，因此该赠与行为应属无效。[①]

关于离婚后向"第三者"主张赠与无效，应全额返还还是返还一半，法院认为，杜某向刘某赠与350万元的行为应属无效，刘某应当返还。夫妻财产共有的法律基础为婚姻关系，婚姻关系解除后，夫妻财产共有的法律基础消灭。现杨某与杜某已经解除婚姻关系，杨某仅可主张属于自己的财产份额，且杨某在一审时亦是按照一半份额主张，故一审法院认定由杜某、刘某向杨某返还350万元的一半份额，即175万元正确，本院对杨某主张杜某、刘某应返还全部款项的主张不予采信。

二、想要拿回赠与款项，需要提供哪些证据

首先，需要提供两人存在不正当关系的证据。比如，两人微信聊天记录，亲密合影、节日有"1314""520"等明显意味的转账等。

其次，需要提供两人之间经济往来的凭证。但是需要注意，配偶和"第三者"的经济往来，并不是提供微信转账记录截图就能获得法院支持的。因为当"第三者"否认微信账号是自己使用，或者开庭时"第三者"不出庭的话，无过错一方需要证明微信号的使用主体。

最后，正确的做法如下。

第一步，打开配偶的微信，点击服务，选择钱包。

---

① 北京市第三中级人民法院（2021）京03民终6125号民事判决书。

第二步，查找配偶和"第三者"的转账记录并点击下方的申请电子转账凭证。

第三步，确认"第三者"完整姓名，然后申请提交。

第四步，进入微信支付公众号，下载微信转账凭证，转账凭证里有双方微信号及实名认证信息，并且会加盖财付通支付科技有限公司的业务凭证专用章，可以作为证据使用。

三、"第三者"是否知情对于返还金额是否有影响

在部分案例中，"第三者"确实不知道对方未离婚，且能提供相应的证据证明。这时候，法院会在忠诚方、出轨方、"第三者"之间进行平衡，也就是说，会根据具体情况判断赠与是否有效。

耿某与徐某系合法夫妻，耿某在婚姻关系存续期间通过银行转账、微信转账，赠与彭某人民币248390.08元。彭某称，两人系经耿某单位同事介绍相识，耿某自称已离婚并带彭某见过父母。清明节两人还和耿某父母一起去扫墓，所以彭某对耿某自称离婚的说法一直深信不疑。直到后来徐某与耿某的家人联系，耿某家人说耿某生病了，其媳妇徐某在医院陪床，彭某才意识到耿某没有离婚。法庭上，原告也认可彭某在2018年10月才知道耿某没有离婚。[1]

法院认为，耿某将夫妻共同财产赠与彭某，系非因日常生活需要对夫妻共同财产的处理，违反了相关规定。但本院考虑忠诚方、出轨方、"第三者"以及社会风俗之间多方平衡的问题。保护了忠诚方，就会有纵容出轨方不用负任何责任之嫌；保护了"第三者"，就会有纵容婚外情、违背社会公德及公序良俗之嫌。

本案中，耿某赠与彭某金钱的行为是否有效，应当根据具体情况确定为宜。故耿某在彭某生日、特殊节日等具有特殊意义的赠与，如赠与数额为520

---

[1]　北京市延庆区人民法院（2020）京0119民初1214号民事判决书。

元、1314元等，数额不大，虽然系耿某非因日常生活需要对夫妻共同财产作出的处理决定，但不属于重要的范畴，该赠与行为有效，彭某应当不再返还。

2018年10月之前，彭某并不知道耿某没有离婚，耿某违背了社会公德、公序良俗和不尽忠诚的义务，过错在耿某，且有部分款项应当是用于耿某的日常生活开销，该部分赠与亦应当不再返还。

2018年10月以后，耿某赠与彭某金钱的行为，系彭某在明知耿某没有离婚的情况下接受耿某赠与，双方均违背了社会公德、公序良俗，侵害了徐某的利益，故赠与行为无效，彭某因此接受的赠与应当返还徐某。

综上所述，不管是在婚姻关系存续期间，还是在离婚后发现配偶给"第三者"转账，无过错一方都可以通过谈判或起诉，要求"第三者"返还相应的款项。通常来说，婚姻关系存续期间无过错一方可以要求"第三者"全额返还配偶赠与的款项，离婚后可以要求"第三者"返还无过错一方的部分份额。在决定起诉前，无过错一方要确保自己收集了两个方面的证据，一是配偶与"第三者"属于情人关系的证据；二是两人转账的证据，以此维护自身的合法权益。

第五节　能否让出轨方净身出户

大家平常所说的"净身出户"，是指出轨的一方任何财产都不拿走，所有财产都归无过错方。那么，法律到底支持不支持净身出户呢？

在实际生活中人们对净身出户通常有以下两个误区。

1. 无过错方认为签署了忠诚协议，就可以要求出轨一方净身出户

出轨方写下忠诚协议，约定"如果再次出轨，则所有财产归对方，自己净身出户"。通过前文内容，大家可以看出来，司法实践对于忠诚协议的效力是持否定态度的，达不到让对方净身出户的效果。

2. 没有签署协议，无过错方认为只要证明对方出轨，财产就会全部归自己

《民法典》婚姻家庭编在离婚分割夫妻共同财产的条文中增加了照顾无过错方的原则。《民法典》第一千零八十七条第一款规定："离婚时，夫妻的共同财产由双方协议处理；协议不成的，由人民法院根据财产的具体情况，按照照顾子女、女方和无过错方权益的原则判决。"

此处的无过错方，应该如何理解？是否包括配偶出轨但未达到同居程度的情形呢？对此，最高人民法院法官吴晓芳认为，此处的"过错"包括离婚损害赔偿中的重大过错，且比重大过错的范围要更大。比如，存在一方通奸造成夫妻感情破裂的情形，一方有嫖娼行为等。这与承办案件法官的理念、道德价值观甚至自身经历等密切相关，属于自由裁量权较大的环节。无论如何，对过错的认定不能过于宽泛，否则容易扩大惩罚范围，令人对婚姻望而却步。[①]

也就是说，此处的过错，必然包括重婚，与他人同居，实施家庭暴力，虐待、遗弃家庭成员，以及其他重大过错，但是否包括配偶出轨但未达到同

---

① 吴晓芳：《对民法典婚姻家庭编新增和修改条文的解读》，载《人民司法（应用）》2020年第19期。

居程度，取决于法官的自由裁量权，有一定的不确定性。

对于配偶出轨但未达到重婚、与他人同居程度的，按照法律规定，无过错方想要在分割共同财产时比例适当多一点尚且存在不确定性，更不用说将所有的财产全部归自己了。

因此，夫妻忠诚协议或对方净身出户的承诺实际上属于道德范畴，如果出轨方自愿履行，法律并不禁止。但如果出轨方不愿意履行，法律亦不会支持此类协议。所以，千万不要把对方净身出户的承诺当真。

第四章　协议离婚怎么办理

第一节　民政局协议离婚和法院诉讼离婚
该如何选择

离婚可以通过三种途径，即去民政局协议离婚，去法院调解离婚，以及通过法院判决离婚。每种方式的优缺点见表7。

表7　三种离婚方式对比

离婚方式	是否有冷静期	隐私保护	时间成本	经济成本	专业门槛
民政局协议离婚	有	私密性较强。	1—2个月。	民政局收取的费用在百元以内。	财产价值不高或者争议不大的可以自行签署离婚协议，也可咨询律师或由律师拟定离婚协议。

离婚方式	是否有冷静期	隐私保护	时间成本	经济成本	专业门槛
法院调解离婚	无	1. 如果双方都同意离婚，仅通过法院调解方式办理手续，证据中也不涉及过多个人隐私，私密性较好。 2. 如果一方不同意离婚，需要提供较多感情破裂的证据，则会涉及较多个人隐私。	通常为1—6个月，根据法院忙闲程度不同而有所不同。	1. 离婚案件，每件交纳50元至300元诉讼费。涉及财产分割，财产总额不超过20万元的，不另行交纳；超过20万元的部分，按照0.5%交纳。 2. 以调解方式结案或者当事人申请撤诉的，减半交纳案件受理费。	此阶段有调解员做双方的调解工作，对法律专业知识的要求不高。
法院判决离婚	无	通常会提供较多感情破裂的证据，涉及较多个人隐私。	一审适用普通程序需要6个月，二审需要3个月。如果第一次起诉法院判决不予离婚，原告需要等6个月才能再行起诉。	1. 离婚案件，每件交纳50元至300元诉讼费。涉及财产分割，财产总额不超过20万元的，不另行交纳；超过20万元的部分，按照0.5%交纳。 2. 适用简易程序审理的案件减半交纳案件受理费。 3. 部分案件由于争议较大，会涉及律师费的支出。	需要具备专业的法律知识。

去民政局协议离婚，适合双方都同意离婚、对于财产怎么分配、孩子由谁抚养、债务怎么分配能够达成一致意见的情况。如果对于隐私非常在意，希望好聚好散，也适合选择协议离婚。

协议离婚还有一个优点，就是时间成本和经济成本都更低。即使算上离婚冷静期，从申请当天起算，最快32天就能拿到离婚证，和快速一点的调解离婚在时间上差不多，和判决离婚相比效率就高多了。

去法院调解离婚，适合双方都同意离婚，但是一方担心对方不履行房屋过户、抚养费支付、夫妻共同存款支付等义务，希望万一对方不遵守协议可以立即起诉的情况。

这是因为在法院调解离婚有个重大优势，即如果对方反悔，不履行义务，那么你拿着法院出具的离婚判决书或调解书，可以直接申请强制执行。 如果是通过民政局协议离婚的，对方不给钱，你还需要向法院提起诉讼，等拿到胜诉判决后才能申请强制执行。所以如果对方人品靠谱，选择民政局离婚省钱又省心，但如果担心对方反悔，还是走法院调解离婚更可靠。

通过法院判决离婚，适合一方希望离婚，另一方坚决不同意离婚，或者双方对于子女抚养权、财产分割有重大分歧的情况。

通过法院判决离婚，时间成本和经济成本都会比较高。一审适用普通程序需要6个月，二审需要3个月。如果无法提供感情已经破裂的证据，那在一方坚决不同意离婚的情形下，很可能需要两次诉讼才能离婚。也就是说，需要再等6个月才能再次起诉离婚。此外，起诉、开庭都需要去法院，如果案件较为复杂，可能会多次开庭，时间成本更高。法院判决离婚对当事人来说也需要更多的法律知识，律师费的支出也是一笔不小的成本。

第二节　《民法典》施行后，离婚一定要经过冷静期吗

不少客户前来咨询的时候，都会问到：《民法典》施行了，我现在离婚是不是要有冷静期啊？这样离婚的时间是不是就更长了？这对冷静期的理解是不准确的，以下将详细介绍关于离婚冷静期的内容。

第一，冷静期仅适用于去民政局协议离婚。通过法院起诉离婚的，并不涉及冷静期。也就是说《民法典》关于冷静期制度的设计，只是延长了通过民政局协议离婚的时间，并没有延长通过法院诉讼离婚的时间。

第二，冷静期制度赋予了一方两次反悔的机会。一次是两人申请离婚后的30天内，反悔的一方可以主动向民政局申请撤回离婚登记申请。第二次是申请离婚后超过30天的，一方只要不配合另一方一起去民政局领取离婚证，也会视为对方不同意离婚。也就是说，超过30天的，对方可以以被动的行为撤销离婚登记申请。

第三，在双方都配合的情况下，最快多久能拿到离婚证呢？冷静期施行后，双方一致同意离婚的，如果从申请当天起算，在第32天可以拿到离婚证，而且需要双方一起去民政局两次才能拿到。

第四，有了离婚冷静期，协议离婚的流程有什么变化？离婚程序由过去的"初审—受理—审查—登记（发证）"调整为"申请—受理—冷静期—审查—登记（发证）"。实际增加了一个步骤，就是离婚冷静期。

尽管冷静期制度的设立，确实延长了协议离婚的时间，还从之前的去一次民政局变成了去两次民政局，但是协议离婚的时间成本和金钱成本依然是远远低于诉讼离婚的。诉讼离婚顺利的话，也可能需要花上一年的时间，需要的专业法律知识也比协议离婚更多。所以如果两个人能够对离婚达成一致，并在对子女的抚养、财产的分割、债务的处理上能够协商一致，还是协议离婚更为方便。

法条链接

《中华人民共和国民法典》

第一千零七十七条　自婚姻登记机关收到离婚登记申请之日起三十日内，任何一方不愿意离婚的，可以向婚姻登记机关撤回离婚登记申请。

前款规定期限届满后三十日内，双方应当亲自到婚姻登记机关申请发给离婚证；未申请的，视为撤回离婚登记申请。

第三节　离婚协议应该怎么写

在两人决定结束婚姻时，不少人会选择去民政局协议离婚的方式。但是对于离婚协议应该怎么写，很多人都不知道。有的人甚至以为直接从网上下载一个模板，填写好自己的个人信息就完成了，对于模板里的条款对自己是否有利也不清楚。本节详细介绍离婚协议的形式要求、重要条款以及如何避坑。

一、离婚协议书需要包含什么内容?

根据北京市民政局对离婚协议的要求来看，离婚协议书应该载明双方自愿离婚的意思表示，有对子女抚养、财产分割和债务处理等事项达成一致的处理意见。

1. 需要写明双方的姓名、性别、身份证号、结婚登记时间、结婚登记机关、离婚原因。

2. 写明双方系自愿离婚。女方在怀孕期间、分娩后一年内或者中止妊娠后六个月内，男方不得提出离婚。女方提出离婚的不在此限。

3. 写明子女姓名、性别、出生日期、离婚后由哪一方抚养、对方如何支付抚养费、女方怀孕的写明胎儿出生或者停止妊娠的时间、出生后的抚养问题。无共同子女且不对对方子女进行抚养的，写明"双方无共同子女"。子女可以轮流抚养，轮换期建议不少于六个月，并明确抚养费问题。非直接抚养方不支付抚养费的，建议写为"×××（直接抚养方）支付全部抚养费"。

4. 写明双方财产分割问题，可对双方婚前、婚后、个人持有、共同全部持有或部分持有的财产进行处置，建议房产写明房产地址，无财产分割的，建议写明"双方无共同财产"。

5. 写明双方债权债务的处理。无债权债务处理的，写明"双方无债权债务"，双方共同或个人债务不得由第三人承担。

二、离婚协议不能写什么内容？

1. 不得写有明显违反现行法律原则或政策的事项。

2. 不得写有与离婚无关的事项，如继承等问题。

三、离婚协议的形式有什么要求？

1. 打印或者手写都可以。如果是手写，需要用黑色墨水钢笔或签字笔，使用A4纸张，纸张左侧留3厘米至4厘米的装订距离。

2. 内容不能有任何涂抹、修改。

3. 不要提前签名及书写日期，因为需要在婚姻登记员面前签名。

4. 需要提交三份离婚协议书。

四、协议离婚如何选择民政局？

在办理离婚手续时，男女双方需要到一方常住户口所在地的民政部门办理离婚登记。如果两个人都在外地工作，但是又没有在当地落户，需要到一方原籍所在地办理离婚手续。

2021年6月1日至2023年5月31日，民政部在辽宁省、山东省、广东省、重庆市、四川省实施结婚登记和离婚登记"跨省通办"试点，在试点地区双方均非本地户籍的婚姻登记当事人可以凭一方居住证和双方户口簿、身份证，在居住证发放地婚姻登记机关申请办理婚姻登记，或者自行选择在一方常住户口所在地办理婚姻登记。

五、离婚协议如何避免法律风险

1. 不要轻易约定各自名下的财产归各自所有

离婚协议模板中通常会有一句话："双方各自名下的财产归各自所有"，但如果没有列举双方名下的所有财产，对于离婚的双方都存在风险。

在无法证明离婚时不知道有该财产存在的情况下，约定各自名下的财产归各自所有，会导致如果离婚后发现对方隐藏、转移了夫妻共同财产时，可能没办法要求重新分割。

但对于离婚协议已经进行公平分割的一方来说，由于没有在离婚协议中列举具体财产清单，如配偶提供了离婚时不知道有该财产存在的证据，会导致对方有在离婚后要求重新分割的可能性。

因此，建议在离婚协议中列举清晰大宗财产，并保证房产坐落、房产证号和登记一致，银行卡号及开户行都列举清楚。如果对于配偶的财产状况并不了解，担心对方隐藏、转移夫妻共同财产，建议在离婚协议里删除这句话，并在离婚协议中约定一方隐藏、转移夫妻的共同财产，另一方发现后有权取得对方所隐藏、转移的财产的全部份额，隐藏、转移方无权分割该财产。

以下为离婚协议约定"双方各自名下的财产归各自所有"，一方离婚后要求重新分割未被支持的案例。

陈点点、路宇原系夫妻关系，双方于2019年协议离婚并签署了《离婚协议书》，约定："各自名下的财产归各自所有。婚后各自名下的债务由各自承担。"离婚后，陈点点向法院起诉，要求依法分割双方离婚时未处理的夫妻共同财产，包括：1.上海市徐汇区宛平南路×××弄×××号×××层×××室房屋及车库；2.上海市宝山区罗和路×××弄×××号×××室房屋；3.上海市徐汇区华发路×××弄×××号×××室房屋；4.牌照沪L8×××奔驰牌小型车辆及车牌；5.牌照沪BF×××斯柯达牌小型车辆及车牌；6.上海某有限公司中路宇名下的股权份额；7.上海某科技有限公司中路宇名下的股权份额；8.路宇名下的银行存款。[①]

法院认为，综合各类证据，可以认定陈点点在离婚时对夫妻共同财产均有了解，并且已经形成了分配方案，故而在离婚协议中写下了"各自名下的财产归各自所有"的财产分割协议，陈点点应当恪守离婚协议约定，其又主

[①] 上海市徐汇区人民法院（2020）沪0104民初28200号民事判决书。

张重新分割相关夫妻共同财产的诉请，本院不予支持。

以下为离婚协议约定双方财产各归各的，一方离婚后要求重新分割被支持的案例。

胡小花和李浩原系夫妻关系，双方于2004年协议离婚。双方均认可办理上述离婚系为了办理房改房手续，双方仍共同生活，且未分割夫妻共同财产。2014年，胡小花与李浩复婚。2019年，双方协议离婚并签署离婚协议书，约定："离婚原因：感情不和。协议内容：一、双方自愿离婚……三、财产分割：双方财产各归各的。四、债权债务处理：双方无债权债务。"上述协议签署后，双方办理了离婚手续。[①]

离婚后，胡小花向本院起诉，认为离婚协议未就夫妻共同财产进行分割，要求法院依法分割位于北京市大兴区×1号房屋及北京市大兴区×2号车位。

法院认为，离婚后，一方以尚有夫妻共同财产未处理为由向人民法院起诉请求分割的，经审查该财产确属离婚时未涉及的夫妻共同财产，人民法院应当依法予以分割。本案中，胡小花与李浩于2019年协议离婚，现胡小花以尚有未处理的夫妻共同财产为由要求分割位于北京市大兴区×1号房屋及北京市大兴区×2号车位，李浩虽以双方离婚协议中已对上述共同财产进行处理为由予以抗辩，但结合双方离婚协议中的约定来看，双方仅约定"双方财产各归各的"，此约定与"各自名下财产归各自所有"含义并不相同，故上述约定并未明确双方共同财产的范围以及财产的具体处理、分割方案，李浩并未就其主张的上述共同财产已处理一节向本院充分举证，故本院对李浩的上述抗辩主张不予采信。现胡小花要求分割×1号房屋及×2号车位，具有事实及法律依据，本院予以支持。

---

① 北京市海淀区人民法院（2020）京0108民初42936号民事判决书。

2. 共同房产有房贷，需要提前进行规划

如果房产还有房贷没有还清，建议在签署离婚协议之前，和抵押权人提前确认一下拿着离婚协议能否办理房产过户及贷款人变更。目前部分银行对于有离婚协议且变更后的还款人具备还款能力的，是同意配合办理贷款人变更手续的。

但如果银行不同意予以变更，双方需要协商其他方案，如先将贷款还清再过户，或者将房屋出售后双方分割售房款，从而避免协议约定将房产归一方所有而实际上无法履行的情况。

法条链接

《婚姻登记条例》

第十条第一款　内地居民自愿离婚的，男女双方应当共同到一方当事人常住户口所在地的婚姻登记机关办理离婚登记。

《中华人民共和国民法典》

第一千零九十二条　夫妻一方隐藏、转移、变卖、毁损、挥霍夫妻共同财产，或者伪造夫妻共同债务企图侵占另一方财产的，在离婚分割夫妻共同财产时，对该方可以少分或者不分。离婚后，另一方发现有上述行为的，可以向人民法院提起诉讼，请求再次分割夫妻共同财产。

第五章　诉讼离婚指南

第一节　如何自行办理调解离婚

有客户咨询我，说自己准备离婚，因为双方共同财产不多，不想请律师，但又不知道流程是什么样的，因此本文来讲一讲离婚不请律师，自己该怎么办。

第一个问题：什么样的离婚案件可以不用请律师，自己办理？

自己办理离婚需要满足以下几个条件：一是双方对于孩子由谁抚养，抚养费是多少没有争议。二是双方共同财产不多，对于分配方案能达成一致。三是双方没有隐匿财产[①]，也没有夫妻共同债务。

第二个问题：自行办理调解离婚的步骤是什么？

第一步，确认选择去民政局协议离婚，还是去法院起诉离婚。

如果你认为，去民政局离婚方便又省钱，而去法院起诉离婚，自己又不懂法律流程，没有律师根本办理不了。那我要告诉你，其实去民政局协议离婚也有一个巨大的风险，就是如果对方协议离婚以后不按协议的约定给钱，你拿着这份离婚协议是不能直接申请法院强制执行的。你需要先起诉对方，然后拿到法院的调解书或判决书，才能申请强制执行。

因此，在双方都同意离婚，对孩子、财产、债权债务没有争议的情况下，

---

　　① 　没有隐匿财产，是指双方的工资奖金、期权、理财、保险、公积金等，互相了解得清清楚楚。

如果你对于对方能否按时付钱有顾虑，我建议你通过法院调解离婚。调解离婚的步骤如下。

第一步，向法院递交立案材料，包括起诉状、双方身份证复印件、对方的经常居住证、结婚证、孩子的出生证明、财产证明、感情破裂的证据以及相关证据材料。因为双方都同意离婚，因此关于感情破裂的证据可以做简化处理，如提供双方微信上都同意离婚的聊天记录截图，再附上双方的微信身份页面截图。

第二步，离婚案件会分到调解员处进行调解。你可以在递交起诉状的时候，写一个书面请求，请求法院先调解。如果案件直接分到了法官手上，也没有关系，离婚案件法官一样可以调解，并且法官是很希望双方能够调解的。

第三步，在立案成功后，调解员会联系你们，看看双方对于离婚和子女抚养、财产分配能不能达成一致意见。如果双方的要求有一些差距，调解员也会给双方打电话做工作。

第四步，如果双方的意见能够达成一致，调解员会约双方一起开庭。开庭的流程是，首先核实双方的基本信息，也就是你的姓名、身份证号、住址等，然后询问双方是否同意离婚，都同意的话再逐项确认子女抚养权、抚养费、财产分配方案、债权债务等。最后你需要核对一下笔录，看看调解员记录的是否正确。双方都对调解笔录签字确认之后，开庭就结束了。

第五步，等待一段时间，调解员会把法院盖章的调解书寄给你，要求你把结婚证原件交到法院，此时，调解离婚的流程就全部完成了。

第二节 不请律师自行起诉离婚指南（原告篇）

如果你想离婚，但对方不同意，意见无法达成一致，就只能向法院起诉离婚。如果你不想请律师，而是自己起诉，在双方共同财产数额不大或争议不大、对子女抚养权争议也不大的情况下，是可以自己起诉离婚的。本文将对自行起诉离婚的相关内容进行详细介绍。

一、选择起诉法院

准备自行起诉的第一件事是，你需要知道能不能在你工作的城市提起诉讼，如果去对方所在的城市起诉，你还需要请假，并且支出住宿费和交通费。关于起诉的法院，需要根据相应的级别管辖和地域管辖确定所对应的法院。

1.离婚案件的级别管辖

级别管辖是指按照人民法院组织系统划分上下级人民法院之间受理第一审民事案件的分工和权限。

根据《最高人民法院关于调整高级人民法院和中级人民法院管辖第一审民商事案件标准的通知》第四条之规定，婚姻、继承、家庭、物业服务、人身损害赔偿、名誉权、交通事故、劳动争议等案件，以及群体性纠纷案件，一般由基层人民法院管辖。比如，对方的户籍地在北京市顺义区，那么你需要在北京市顺义区人民法院立案，而不能到北京市第三中级人民法院提起诉讼。此外，非涉外离婚案件，原则上由基层法院管辖。

根据《最高人民法院关于调整中级人民法院管辖第一审民事案件标准的通知》第一条、第二条及《最高人民法院关于调整高级人民法院和中级人民法院管辖第一审民事案件标准的通知》第一条之规定，如果双方的住所地都在或都不在受理法院所处省级行政辖区的，诉讼标的额5亿元以上50亿元以下的，对应的管辖法院为中级人民法院。如果你们中的一方住所地不在受理法院所处省级行政辖区的，诉讼标的额1亿元以上50亿元以下的，对应的管辖法院为中级人民法院。

根据《最高人民法院关于调整高级人民法院和中级人民法院管辖第一审民事案件标准的通知》第二条之规定，高级人民法院管辖诉讼标的额50亿元（人民币）以上（包含本数）或者其他在本辖区有重大影响的第一审民事案件。因此，当诉讼标的额在50亿元以上（包含本数），或者在本辖区有重大影响时，由高级人民法院管辖。

普通的涉外离婚案件，一审依然由基层法院管辖。如果争议标的额较大、案情复杂，则由中级人民法院管辖。根据《最高人民法院关于涉外民商事案件管辖若干问题的规定》第二条之规定，北京、天津、上海、江苏、浙江、福建、山东、广东、重庆辖区中级人民法院，管辖诉讼标的额人民币4000万元以上（包含本数）、50亿元以下（不包含本数）的涉外民商事案件；河北、山西、内蒙古、辽宁、吉林、黑龙江、安徽、江西、河南、湖北、湖南、广西、海南、四川、贵州、云南、西藏、陕西、甘肃、青海、宁夏、新疆辖区中级人民法院，解放军各战区、总直属军事法院，新疆维吾尔自治区高级人民法院生产建设兵团分院所辖各中级人民法院，管辖诉讼标的额人民币2000万元以上（包含本数）、50亿元以下（不包含本数）的涉外民商事案件。[1]

对于涉外离婚案件，高级人民法院第一审涉外民商事案件的标准和非涉外离婚案件一致，需要诉讼标的额人民币在50亿元以上（包含本数）或者涉及其他在本辖区有重大影响的因素。

2.离婚案件的地域管辖

地域管辖是指同级人民法院之间，按照各自辖区对第一审民事审理的分工。地域管辖是在级别管辖的基础上，从横向来确定案件由哪个法院来受理。地域管辖是在级别管辖的基础上划分的，起诉时需要先确认级别管辖，再行

---

[1] 各级法院受理案件的金额标准可能会定期调整，如争议标的额较大，建议起诉前确认最新标准。

确定地域管辖。

（1）离婚案件地域管辖的一般原则

离婚案件，一般适用"原告就被告"的基本原则。也就是说，如果你作为原告起诉离婚，通常要去被告住所地人民法院立案。住所地也就是被告的户籍所在地，即户口簿上的住址。如果被告住所地与经常居住地不一致的，由经常居住地人民法院管辖。经常居住地是指对方离开住所地至其他地方已连续居住一年以上，并且在起诉时依然居住的地方（住院就医的地方除外）。

被告经常居住地需要满足三个条件：其一，被告必须在该地住满一年；其二，一年时间必须是连续的，不能中断；其三，到起诉时为止，被告还在该地居住。

当你选择到被告的经常居住地起诉时，法院会审核你提供的证据，判断其是否能证明被告已经在这里连续居住满一年。根据《北京市高级人民法院关于立案审判适用法律若干问题的解答（一）》，是否连续居住满一年，应根据包括公安机关出具的居住证、出入境查询记录，物业公司或街道办事处、居（村）委会出具的居住证明，房屋租赁合同、不动产登记证书等在内的证据进行综合判断。如果你能够提供这些证据，可以自行准备；如果你没有被告的居住证等证据，可以委托律师进行调取。

（2）离婚案件地域管辖的特殊规则

①原告住所地法院管辖

如果被告离开了户籍所在地，且已经在现在所在的住所连续居住一年以上了，而你还在原户籍所在地，那么你既可以选择在你的住所地法院起诉，也可以到被告住所地法院起诉。

②原告住所地或者原告经常居住地法院管辖

根据《民事诉讼法》第二十三条之规定，下列民事诉讼，由原告住所地人民法院管辖；原告住所地与经常居住地不一致的，由原告经常居住地人民法院管辖：一是对不在中华人民共和国领域内居住的人提起的有关身份关系的诉讼；二是对下落不明或者宣告失踪的人提起的有关身份关系的诉讼；三是对被采取强制性教育措施的人提起的诉讼；四是对被监禁的人提起的诉讼。

③涉外离婚案件地域管辖

第一，中国公民一方居住在国外，另一方居住在国内，不论哪一方向人民法院提起离婚诉讼，国内一方住所地人民法院都有权管辖。国外一方在居住国法院起诉，国内一方向人民法院起诉的，受诉人民法院有权管辖。

第二，在国内结婚并定居国外的华侨，如定居国法院以离婚诉讼须由婚姻缔结地法院管辖为由不予受理，当事人向人民法院提出离婚诉讼的，由婚姻缔结地或者一方在国内的最后居住地人民法院管辖。

第三，在国外结婚并定居国外的华侨，如定居国法院以离婚诉讼须由国籍所属国法院管辖为由不予受理，当事人向人民法院提出离婚诉讼的，由一方原住所地或者在国内的最后居住地人民法院管辖。

第四，中国公民双方在国外但未定居，一方向人民法院起诉离婚的，应由原告或者被告原住所地人民法院管辖。

二、需要准备的材料

1.拟定起诉状并亲笔签名。

2.双方身份证复印件。如果对方不在户籍地居住，需提供证据证明被告的经常居住地属于法院辖区，可通过公安机关出具的居住证、出入境查询记录，物业公司或街道办事处、居（村）委会出具的居住证明、房屋租赁合同、不动产登记证书等证据证明。

3.结婚证。

4.第一次判决不予离婚的判决书。

5.孩子的出生证明、有利于抚养子女的条件、请求给付抚养费数额的依据。如果你想争取抚养权，你需要知道法院如何考量抚养权应该归哪一方，然后围绕这些关键点来组织证据。关于抚养权，本书有专门的章节，可以围绕法律规定有利于支持抚养权的条件来组织证据。

关于抚养费，如果孩子由你抚养，你主张对方支付抚养费的话，需要提供关于对方收入的证据，不只是每月的固定工资，还包括公积金金额、年终奖、绩效奖金等。此外，还需要提供关于孩子开销的证据，如孩子的学费、医疗费、日常吃穿的费用、奶粉费等，来证明你主张的抚养费金额是合理的。

6.感情破裂的证据，这关系到法院能否判决双方离婚。你可以围绕法律关于感情破裂的规定，结合自身情况进行举证。从证据的类型来说，可以从这些方面着手：手机短信、微信聊天记录、微信朋友圈、家庭的监控录像、微信或支付宝转账记录、离婚协议、对方写的书面承诺、分居协议、对方家庭暴力的报案证明等能证明两人感情破裂的证据。

7.房产、车辆、股权、存款、债权等夫妻共同财产相关证据，你主张分割的夫妻共同财产有哪些，就需要提供相应的证据证明双方有哪些共同财产。比如，对于房产，你需要证明房产购买的时间、金额、登记在谁名下、首付支付情况、婚后共同还贷金额、你的父母资助首付及帮忙还贷的情况等。你可以通过购房合同、不动产权证书、抵押借款合同、银行交易流水清单、个人贷款还款通知单、税收完税证明等予以证明。

8.一方可以多分财产的证据材料，可以参考本书中相关内容进行准备。

9.婚前财产协议、夫妻财产约定等。

以上系离婚案件常规证据材料，仅供参考，个案应结合具体案情准备证据。除起诉状、证据材料、当事人身份证明外，需向法院提交证据目录，载明证据名称、证据来源、证明目的等。证据原件不用提交法院，待开庭时带去即可。上述起诉状、证据目录及证据材料，需准备两套提交法院，其中一套由法院送达被告。

三、证据准备的常见误区

一是用优盘提交视频证据。正确的做法是刻录成光盘，提交法院。

二是长篇大论，写一堆自己的观点作为证据提供。这些观点不是客观事实，是没有证明力的。

三是认为即使不提供证据，法官也会根据自己的陈述作出有利于自己的判决。你要记住一个规则，即"谁主张，谁举证"。如果你主张两人应该离婚，就需要举证双方感情破裂；如果你主张孩子一个月的抚养费为1万元，就需要举证孩子的实际花费需要这么多。打官司就是打证据，开庭的时候双方各执一词，作为完全没有亲历过这些事情的法官，只能通过证据来判断哪一方的说法真实。所以为了争取对你有利的结果，你需要提供证据来证明自己起诉状上提出的诉讼请求是有事实依据的。

四、开庭流程

开庭需要按照法院传票指定的时间、地点，带着身份证原件和证据原件准时到场。开庭的流程分为：准备开庭、法庭调查、法庭辩论、最后陈述、法庭调解五个流程。你可以在开庭前做好准备，提前熟悉流程。

需要注意的是，在核对笔录的时候，你一定要先看内容再签字。如果发现笔录有错误，或者有重要的事项没有记录，是可以修改或补充的。另外，在法官询问本案是否公开审理的时候，你可以申请不公开，这样可以保护双方的隐私。

法条链接

《最高人民法院关于适用〈中华人民共和国民法典〉婚姻家庭编的解释（一）》

第四十四条 离婚案件涉及未成年子女抚养的，对不满两周岁的子女，按照民法典第一千零八十四条第三款规定的原则处理。母亲有下列情形之一，父亲请求直接抚养的，人民法院应予支持：

（一）患有久治不愈的传染性疾病或者其他严重疾病，子女不宜与其共同生活；

（二）有抚养条件不尽抚养义务，而父亲要求子女随其生活；

（三）因其他原因，子女确不宜随母亲生活。

第四十五条　父母双方协议不满两周岁子女由父亲直接抚养，并对子女健康成长无不利影响的，人民法院应予支持。

第四十六条　对已满两周岁的未成年子女，父母均要求直接抚养，一方有下列情形之一的，可予优先考虑：

（一）已做绝育手术或者因其他原因丧失生育能力；

（二）子女随其生活时间较长，改变生活环境对子女健康成长明显不利；

（三）无其他子女，而另一方有其他子女；

（四）子女随其生活，对子女成长有利，而另一方患有久治不愈的传染性疾病或者其他严重疾病，或者有其他不利于子女身心健康的情形，不宜与子女共同生活。

第四十七条　父母抚养子女的条件基本相同，双方均要求直接抚养子女，但子女单独随祖父母或者外祖父母共同生活多年，且祖父母或者外祖父母要求并且有能力帮助子女照顾孙子女或者外孙子女的，可以作为父或者母直接抚养子女的优先条件予以考虑。

第四十八条　在有利于保护子女利益的前提下，父母双方协议轮流直接抚养子女的，人民法院应予支持。

第四十九条　抚养费的数额，可以根据子女的实际需要、父母双方的负担能力和当地的实际生活水平确定。

有固定收入的，抚养费一般可以按其月总收入的百分之二十至三十的比例给付。负担两个以上子女抚养费的，比例可以适当提高，但一般不得超过月总收入的百分之五十。

无固定收入的，抚养费的数额可以依据当年总收入或者同行业平均收入，参照上述比例确定。

有特殊情况的，可以适当提高或者降低上述比例。

第五十条　抚养费应当定期给付，有条件的可以一次性给付。

第五十一条　父母一方无经济收入或者下落不明的，可以用其财物折抵抚养费。

第五十二条　父母双方可以协议由一方直接抚养子女并由直接抚养方负担子女全部抚养费。但是，直接抚养方的抚养能力明显不能保障子女所需费用，影响子女健康成长的，人民法院不予支持。

第五十三条　抚养费的给付期限，一般至子女十八周岁为止。

十六周岁以上不满十八周岁，以其劳动收入为主要生活来源，并能维持当地一般生活水平的，父母可以停止给付抚养费。

《中华人民共和国民事诉讼法》

第二十二条第一款　对公民提起的民事诉讼，由被告住所地人民法院管辖；被告住所地与经常居住地不一致的，由经常居住地人民法院管辖。

《最高人民法院关于适用〈中华人民共和国民事诉讼法〉的解释》（2022年修正）

第三条　公民的住所地是指公民的户籍所在地，法人或者其他组织的住所地是指法人或者其他组织的主要办事机构所在地。

法人或者其他组织的主要办事机构所在地不能确定的，法人或者其他组织的注册地或者登记地为住所地。

第四条　公民的经常居住地是指公民离开住所地至起诉时已连续居住一年以上的地方，但公民住院就医的地方除外。

第十二条　夫妻一方离开住所地超过一年，另一方起诉离婚的案件，可以由原告住所地人民法院管辖。

夫妻双方离开住所地超过一年，一方起诉离婚的案件，由被告经常居住地人民法院管辖；没有经常居住地的，由原告起诉时被告居住地人民法院管辖。

第十三条 在国内结婚并定居国外的华侨，如定居国法院以离婚诉讼须由婚姻缔结地法院管辖为由不予受理，当事人向人民法院提出离婚诉讼的，由婚姻缔结地或者一方在国内的最后居住地人民法院管辖。

第十四条 在国外结婚并定居国外的华侨，如定居国法院以离婚诉讼须由国籍所属国法院管辖为由不予受理，当事人向人民法院提出离婚诉讼的，由一方原住所地或者在国内的最后居住地人民法院管辖。

第十五条 中国公民一方居住在国外，一方居住在国内，不论哪一方向人民法院提起离婚诉讼，国内一方住所地人民法院都有权管辖。国外一方在居住国法院起诉，国内一方向人民法院起诉的，受诉人民法院有权管辖。

第十六条 中国公民双方在国外但未定居，一方向人民法院起诉离婚的，应由原告或者被告原住所地人民法院管辖。

第十七条 已经离婚的中国公民，双方均定居国外，仅就国内财产分割提起诉讼的，由主要财产所在地人民法院管辖。

《最高人民法院关于调整高级人民法院和中级人民法院管辖第一审民商事案件标准的通知》

第四条 婚姻、继承、家庭、物业服务、人身损害赔偿、名誉权、交通事故、劳动争议等案件，以及群体性纠纷案件，一般由基层人民法院管辖。

《最高人民法院关于调整中级人民法院管辖第一审民事案件标准的通知》

一、当事人住所地均在或者均不在受理法院所处省级行政辖区的，中级人民法院管辖诉讼标的额5亿元以上的第一审民事案件。

二、当事人一方住所地不在受理法院所处省级行政辖区的，中级人民法院管辖诉讼标的额1亿元以上的第一审民事案件。

三、战区军事法院、总直属军事法院管辖诉讼标的额1亿元以上的第一审民事案件。

四、对新类型、疑难复杂或者具有普遍法律适用指导意义的案件，可以依照民事诉讼法第三十八条的规定，由上级人民法院决定由其审理，或者根据下级人民法院报请决定由其审理。

五、本通知调整的级别管辖标准不适用于知识产权案件、海事海商案件和涉外涉港澳台民商事案件。

六、最高人民法院以前发布的关于中级人民法院第一审民事案件级别管辖标准的规定，与本通知不一致的，不再适用。

《最高人民法院关于涉外民商事案件管辖若干问题的规定》

第二条 中级人民法院管辖下列第一审涉外民商事案件：

（一）争议标的额大的涉外民商事案件。

北京、天津、上海、江苏、浙江、福建、山东、广东、重庆辖区中级人民法院，管辖诉讼标的额人民币4000万元以上（包含本数）的涉外民商事案件；

河北、山西、内蒙古、辽宁、吉林、黑龙江、安徽、江西、河南、湖北、湖南、广西、海南、四川、贵州、云南、西藏、陕西、甘肃、青海、宁夏、新疆辖区中级人民法院，解放军各战区、总直属军事法院，新疆维吾尔自治区高级人民法院生产建设兵团分院所辖各中级人民法院，管辖诉讼标的额人民币2000万元以上（包含本数）的涉外民商事案件。

（二）案情复杂或者一方当事人人数众多的涉外民商事案件。

（三）其他在本辖区有重大影响的涉外民商事案件。

法律、司法解释对中级人民法院管辖第一审涉外民商事案件另有规定的，依照相关规定办理。

第三条 高级人民法院管辖诉讼标的额人民币50亿元以上（包含本数）或者其他在本辖区有重大影响的第一审涉外民商事案件。

第三节　零成本打好一场离婚官司（被告篇）

如果你是被告，对方起诉离婚，在不请律师的情况下应该怎么应诉。

第一个问题是，被告在什么情况下可以不请律师，自己应诉？如果双方对于孩子的抚养权、夫妻的共同财产、债权债务没有重大争议，或者争议金额不大，可以考虑自己应诉。如果情况比较复杂，我还是建议你咨询律师。

一、如果被告不同意离婚，应如何答辩

作为离婚案件的被告，面临的第一种情况是你不想离婚，但是对方坚持离婚并起诉。那么，在什么情况下，即使被告不同意离婚，法院也会判决双方离婚？那就是原告能够举证证明双方感情已经破裂。对此，作为被告应注意以下四点。

第一，即便被告坚决不同意离婚，原告又是第一次起诉，在原告能够举证证明双方感情确实破裂的情况下，法院依然会判决离婚。

对于感情破裂，法律列举了五种情形和一个兜底条款，被告可以根据这几种情况和原告提交的证据来判断双方是不是已经构成感情破裂。

1. 一方重婚的，可提交该人因重婚罪被刑事处罚的法律文书；一方与他人同居的，可提交相关的证据。

2. 实施家庭暴力或虐待、遗弃家庭成员的，可提交法医鉴定、病历、报案证明、公安机关询问调查资料、身体受伤的照片等。

3. 有赌博、吸毒等恶习屡教不改的，可提交有关机关出具的证明等；受到行政处罚、刑事处罚的，可提交有关部门予以处罚的法律文书。

4. 因感情不和分居满两年的，可提交相关的证据。

5. 一方被宣告失踪的，应提交公安机关或其他有关机关关于该人下落不明的书面证明，也可提交人民法院宣告失踪的民事判决书。

6.导致夫妻感情破裂的其他证据。

第二，即便被告本人答辩不同意离婚，依然需要举证证明双方感情并未破裂。

离婚案件，法官一定会询问被告是否同意离婚。有些人会说，如果对方同意抚养权归我，我就同意离婚；或者是如果对方同意房子归我，我就同意离婚。如果对方不同意，我就坚决不离婚。

法官对于这种附条件的离婚回复并不会采纳，而是会询问被告，到底是否同意离婚。如果被告坚持不离婚是这次诉讼追求的目标，就应当准备感情未破裂的证据，防止法院认为原告的主张成立，可以从以下角度考虑：比如，对方在开庭不久前还给你送过结婚纪念日礼物，或者是对方近期发给你表达爱意的微信，这些都可以作为对被告有利的证据提交。

第三，即使判断法院不判离的可能性较大，也建议被告提前准备好关于抚养权、共同财产分割以及共同债务的证据。

如果没有法律规定感情破裂的情形，原告是第一次起诉离婚，被告坚决不同意离婚，判决不离的可能性较大。但是被告依然需要提前准备好关于夫妻共同财产的范围、被告有没有应该多分的情形、抚养权归谁、抚养费怎么支付、夫妻共同债务有哪些的证据，防止法院一旦认定双方感情破裂，而被告无法在短期内组织以上证据，在财产分配和子女抚养上陷入不利的境地。

第四，如果原告是第二次起诉离婚，被告应诉的重点应放在财产及子女抚养权上，而不应该花太多精力准备感情未破裂的证据。

在原告第二次起诉离婚的情况下，说明原告离婚的意愿很强烈，双方调解和好的可能性也非常小，因此被告在此次应诉时也应该把目标调整为争取财产及子女抚养上的有利条件。

二、如果被告同意离婚，应如何答辩

如果被告同意离婚，则感情是否破裂不再重要，重要的是抚养权及夫妻共同财产分割。被告需要仔细阅读原告的起诉状和证据，在举证期限截止前准备两份证据目录及证据提交法院，准备一份对于原告证据的质证意见以及书面答辩状，开庭时携带。

证据材料可以参考原告篇进行准备，不同之处在于，如果被告对于原告的诉讼请求及证据有不同意见，需要准备相应的反驳证据来证明自己的主张。所谓反驳，就是看这三点：一是证据是真实的，还是对方伪造的。二是证据是合法获得的，还是对方如利用偷拍设备非法获得的。三是证据是不是能够证明对方的主张。举个例子，原告提交证据，说你们已经分居满两年了。如果这中间你们还有住在一起过，你可以提供你们住在一起的家庭监控录像、入住酒店的登记证明等，来反驳对方的主张。

质证是指对原告提出的证据就其真实性、合法性、关联性以及证明力的有无、大小进行说明和辩论。质证意见同样围绕上述几点展开。其中，真实性是指原告提交的证据是不是原件、原物，或与原件、原物是否相符。合法性是指证据主体、取证方式、程序、形式是否符合法律规定。比如，对方采用偷拍偷录设备拍摄获取的证据，被告就可以提出合法性异议，从而排除该证据的使用。[①]关联性是指要证明的目的与待证事实是否相关。证明力是指对方提供的证据能否证明对方的证明目的，相关性强弱以及证明程度大小的问题。

答辩状是指被告收到原告的起诉状副本后，在法定期限内针对原告诉状中提出的事实、理由及诉讼请求，进行回答和辩驳的书状。答辩状包括标题，即民事答辩状；答辩人的基本情况及案由部分，即姓名、性别、年龄、民族、籍贯、职业、住址、联系方式。重点是答辩的论点和论据，包括就事实部分进行答辩、就适用法律进行答辩、提出自己的答辩主张。

---

① 《最高人民法院关于适用〈中华人民共和国民事诉讼法〉的解释》第一百零六条规定："对以严重侵害他人合法权益、违反法律禁止性规定或者严重违背公序良俗的方法形成或者获取的证据，不得作为认定案件事实的根据。"

三、具体操作

1. 要不要提前提交答辩状?

如果担心提前提交书面答辩状会暴露自己的诉讼策略,并给对方提前准备的时间,我建议被告选择在开庭的时候直接答辩。

2. 开庭前怎么准备?

作为被告需要注意两点:一是查看法院的传票,确认开庭的时间、地点,携带身份证原件和证据原件,准时到场。部分法院有不同院区及派出法庭,因此需要仔细确认传票上的地址。如果是网上开庭,法官会给被告的手机号码发送一个链接和账号密码,只需要按照提示下载软件,提前调试准备开庭。

二是询问法官最迟什么时间提交证据,你要在截止日期前向法院提交两份证据的复印件,其中一份由法院交给对方。这就是法律规定的举证期限,被告需要在举证期限内提交证据。

> **法条链接**

《最高人民法院关于适用〈中华人民共和国民事诉讼法〉的解释》

第一百零四条　人民法院应当组织当事人围绕证据的真实性、合法性以及与待证事实的关联性进行质证,并针对证据有无证明力和证明力大小进行说明和辩论。

能够反映案件真实情况、与待证事实相关联、来源和形式符合法律规定的证据,应当作为认定案件事实的根据。

《最高人民法院关于民事诉讼证据的若干规定》(2019年修正)

第九十条　下列证据不能单独作为认定案件事实的根据:

(一)当事人的陈述;

(二)无民事行为能力人或者限制民事行为能力人所作的与其年龄、智力状况或者精神健康状况不相当的证言；

（三）与一方当事人或者其代理人有利害关系的证人陈述的证言；

（四）存有疑点的视听资料、电子数据；

（五）无法与原件、原物核对的复制件、复制品。

第四节　分居两年，离婚如何证明

很多人过于看重分居对离婚的重要性，以为只要两人分居满两年，就可以在对方不同意离婚的情况下，让法院支持自己离婚的主张。但作为律师，通常都不会过分依赖分居这一证据，这是因为想要构成"有效分居"，实在是太难了。

首先，分居的原因只能是感情不和。如果两人是因为工作调动、学习而分居两地，不构成有效分居。如果想让法院判决离婚，必须证明是因为感情不和而分居。

其次，没有搬出去住，但是两人分床睡或者分房间睡是否构成分居？分床和分房间睡最大的问题就是想要离婚的一方拿不出证据证明分居。除非双方自己承认之外，其他人根本无法知道两人是不是真正分居满两年，除非对方在法庭上也认可是分居的情况下才能认定为有效分居。但是两人都闹到去法院起诉的程度了，说明矛盾很激烈，对方在法庭上承认分居的可能性很小。

最后，两年里只有一天同居，算不算分居满两年？即使只在一起住过一天，分居的时间也需要重新起算。比如，一方出差，另一方去对方住的酒店探视，对方轻易拿到了两人共同入住酒店的证据，这样分居满两年的条件就被破除了。

所以分居满两年，在实践中是一个非常难达到的条件。想通过分居达到离婚目的时，你需要判断你的分居是不是法律意义上的分居。那有哪些证据，更容易被采纳认定构成分居呢？

1. 签订书面分居协议。双方通过书面形式确认分居这一事实，可以作为分居的证据。但是签订书面分居协议在国内目前还比较少见，实务中很少有当事人能够提供分居协议作为证据。

2. 房屋租赁合同、水、电、物业费缴费单据。如果你是搬出去的一方，提供相应的房屋租赁合同、水、电、物业费缴费单据还是相对容易的，这些也可以用于证明分居。

3. 微信聊天记录、短信、电话录音。如果对方在沟通中承认分居满两年，你也保留了相应的聊天证据，那么可以用于证明分居事实。

4. 对方在法庭上自认分居满两年。如果你没有以上证据，但是实际两人确实因感情不和分居满两年，你也可以在法庭上直接说出来。如果对方承认了你说的话，那对方的自认也能证明你们两人分居满两年的事实。

综上所述，想要提交法院认可的有效分居的证据，实务中难度还是比较大的。因此，建议不要把希望只寄托在证明分居上，还要提交其他能够证明双方感情破裂的证据。

法条链接

《中华人民共和国民法典》

第一千零七十九条 夫妻一方要求离婚的，可以由有关组织进行调解或者直接向人民法院提起离婚诉讼。

人民法院审理离婚案件，应当进行调解；如果感情确已破裂，调解无效的，应当准予离婚。

有下列情形之一，调解无效的，应当准予离婚：

（一）重婚或者与他人同居；

（二）实施家庭暴力或者虐待、遗弃家庭成员；

（三）有赌博、吸毒等恶习屡教不改；

（四）因感情不和分居满二年；

（五）其他导致夫妻感情破裂的情形。

一方被宣告失踪，另一方提起离婚诉讼的，应当准予离婚。

经人民法院判决不准离婚后，双方又分居满一年，一方再次提起离婚诉讼的，应当准予离婚。

第五节　家务劳动补偿知多少

《民法典》中关于婚姻的规定，家务劳动补偿制度是一大亮点。《民法典》第一千零八十八条规定，婚姻中抚育子女、照顾老人、协助另一方工作等承担了较多家庭劳动的一方，离婚时可以向对方主张经济补偿。

关于家务劳动补偿制度，在已经废止的《婚姻法》中也有规定，但《婚姻法》第四十条将家务劳动补偿制度的前提限定为夫妻需要书面约定婚姻关系存续期间所得的财产归各自所有，因此大大降低了这一制度的功能，导致其多年来一直得不到彻底贯彻。《民法典》修改了家务劳动补偿制度的适用前提，不再需要以夫妻分别财产制为前提，对于为家务付出较多的一方来说保护更为全面。

一、是不是只有全职爸爸/妈妈才能主张家务劳动补偿

从法律条文上看，没有限制主张家务劳动补偿的主体必须是全职爸爸/妈妈，但是全职爸爸/妈妈确实更容易举证证明自己付出的家务劳动更多。在各地法院公布的典型案例中，多为全职一方被支持家务劳动补偿的案例。比如，广东省高级人民法院发布八个贯彻实施《民法典》典型案例之八：梁某乐与李某芳离婚纠纷案，法院认为，女方在结婚前与母亲一起经营餐饮店，婚后因怀孕和抚育子女负担较多家庭义务未再继续工作而无经济收入，男方应当给予适当补偿。最后判决男方一次性支付给女方家务补偿款1万元。

又如，浙江省海盐县人民法院发布五起适用《民法典》典型案例之四：蔡某某与金某某离婚获经济补偿金纠纷案，金某某与蔡某某于2017年登记结婚，金某某全职在家照顾家庭，直至2021年年初双方分居后重新工作。海盐法院认为，金某某在婚姻关系中因抚育子女负担了较多义务，离婚时有权向另一方请求补偿。最终，法院综合当地经济水平及被告的经济状况，认定离

婚经济补偿数额为3万元。

　　如果你是职场人士，但是对方完全不管孩子，你能不能主张经济补偿呢？你可以主张家务劳动补偿，但是获得支持的难度在于，你要举证证明自己承担的家务劳动较多，对方承担的家务劳动较少。比如，在广州市海珠区人民法院（2021）粤0105民初14600号民事判决书中，关于负担较多义务一方的补偿问题，法院认为，原、被告平时均需上班工作，原告的证据也不能证明其承担了更多的家务劳动和抚养子女、照顾老人的义务，故其要求被告补偿6万元的诉请，法院未予支持。

　　在双方长期分居的情况下，如果孩子一直跟着其中一方生活，这时职场人士更容易证明自己承担了较多的家务劳动。

　　原告认为，被告长期赌博、出轨，1995年分居后，女儿一直随原告共同生活，被告未支付过抚养费，所以主张被告支付原告家务劳动补偿款10万元。被告认为，其每月支付了女儿抚养费800元，且给女儿购置了房产，2017年10月至2022年9月，陆续贴补了女儿46万余元，已经尽到作为一个父亲的责任，不同意支付家务劳动补偿款。[①]

　　诉讼中，被告未提供每月支付女儿抚养费800元的证据，且庭审中其陈述，抚养费是以现金形式直接交付给女儿，根据分居时间和女儿的年龄推断，至少在分居初期，被告的陈述是不成立的，故对被告的该陈述法院未予采信。

　　法院认为，对子女的抚育，应该包括精神上与物质上的抚养、教育。本案中，原、被告分居后，女儿一直随原告共同生活，被告在女儿成年前，精神、物质上均疏于对女儿的关心，综合被告在女儿成年后为其购置房产、原告不属家庭妇女等情节，同时为充分体现社会主义核心价值观，法院酌定，被告应给付原告家务劳动补偿款2万元。

_____

① 上海市金山区人民法院（2022）沪0116民初11595号民事判决书。

二、补偿金额的计算标准

对于补偿的金额，法律并没有规定明确的计算公式，而是交给法官对具体案件进行具体判断。北京首例适用《民法典》审理的离婚家务劳动补偿案件，双方结婚五年多，有一个孩子，法院判决男方应该支付女方家务劳动补偿款5万元。这个金额是根据案件中男方的收入、结婚时间来确定的。也就是说，如果你的家庭收入不一样、结婚时间不一样，补偿的金额也会不一样。

补偿金额可以参考以下几点确定。

1. 两个人共同生活的时间长短。婚姻生活越久，照顾家庭的一方投入的时间成本、精力就越多。

2. 两个人的收入。一方面考虑女方是否有收入、离婚后的经济情况；另一方面确定的补偿也要在男方能够承受的合理范围内。

3. 考虑当地的一般生活水平，不会确立一个远高于当地生活水平的标准。

三、怎样证明自己承担了主要家务劳动？

首先，如果对方长期出差或者分居，你们又没有老人照顾孩子，或者是老人生病由你长期进行照顾。那么，关于对方长期出差及搬离住所的证据及你平日独自照顾孩子或老人的证据，都有利于证明你是承担主要家务劳动的一方。你照顾孩子的证据可以通过微信聊天记录、和学校老师沟通提交作业的聊天记录、接送孩子上学的记录、多个时间的家庭监控录像或视频、照片等来证明。

其次，如果长期全职负责照顾孩子，可以通过证人证言、个人所得税申报表来证明自己全职的时间段，再通过上述一方照顾孩子的证据，证明自己全职期间主要负责照顾孩子。

最后，可以提供对方较少照顾孩子或老人的证据。比如，对方长期未支付抚养费、常年分居且未联系子女，对子女未尽到精神上与物质上的抚养、教育义务。

法条链接

《中华人民共和国民法典》

第一千零八十八条 夫妻一方因抚育子女、照料老年人、协助另一方工作等负担较多义务的，离婚时有权向另一方请求补偿，另一方应当给予补偿。具体办法由双方协议；协议不成的，由人民法院判决。

第六节　如何写好离婚起诉状

民事起诉状包含标题、首部、诉讼请求、事实与理由、尾部五个部分。

一、标题

起诉状的标题就是民事起诉状，不应写成起诉书、离婚起诉状。

二、首部

首部写明原、被告双方的基本信息。当事人的基本信息是指姓名、性别、出生年月日、民族、职业或者工作单位和职务、住所。姓名、性别等身份事项以居民身份证、户籍证明为准。[①]

被告住所一般填写户籍地址，如果被告离开户籍所在地有经常居住地的，以经常居住地为住所。离开住所地最后连续居住一年以上的地方，为经常居住地。

需要注意的是，你提供的被告的住址和电话应当准确并让法院能够联系到其本人，因为离婚案件通常需要本人到庭，法院传票能够有效送达对方有利于离婚诉讼的推进。

三、诉讼请求

诉讼请求是指原告向被告主张的法律上的权利以及请求法院作出具体判决的要求，属于起诉状的核心内容。诉讼请求要根据实际情况填写，不涉及

---

① 《最高人民法院关于印发〈人民法院民事裁判文书制作规范〉〈民事诉讼文书样式〉的通知》"三、正文"规定："……当事人是自然人的，应当写明其姓名、性别、出生年月日、民族、职业或者工作单位和职务、住所。姓名、性别等身份事项以居民身份证、户籍证明为准。当事人职业或者工作单位和职务不明确的，可以不表述。当事人住所以其户籍所在地为准；离开户籍所在地有经常居住地的，经常居住地为住所。连续两个当事人的住所相同的，应当分别表述，不用'住所同上'的表述。"

的请求不需要填写。诉讼请求应当明确具体，不能含糊笼统。以下为离婚诉讼中常见的诉讼请求，可供参考。

1.请求法院依法判令原、被告离婚。

2.如果有未成年子女，离婚诉讼需对子女抚养作出安排。诉讼请求表述可参考："请求法院依法判令原、被告之子/女由原告/被告抚养，被告/原告自××年××月起每月×日前向原告支付抚养费人民币×元直至女儿/儿子年满18周岁。"

未成年子女的抚养权问题，是必须在离婚诉讼中一并解决的问题，如果原、被告双方都不愿意抚养孩子，法院可以依职权对未成年子女的抚养问题进行处理，也有可能判决不予离婚。[①]

如果你担心现在约定的抚养费太低，过几年被告的收入会上涨，孩子的抚养费也会相应增加，可以增加一条上涨条款，表述为："自双方离婚之日起，每满N年，抚养费应当在前一年的基础上上调×%。"但是该条款只有在双方协商一致的情况下才能被支持。

如果被告不同意，法院通常会以被告目前的收入以及孩子的开支确定抚养费标准，而不会以未来的预期为裁判标准。未来，原定抚养费数额不足以维持当地实际生活水平、因子女患病、上学，实际需要已超过原定数额或者有其他正当理由的，可以以子女的名义另行提起诉讼。

关于本条诉讼请求，需要注意以下四点。

第一，法院判决的"抚养费"，已经包括子女生活费、教育费、医疗费等全部费用。如果你希望对方在抚养费之外，能够共同承担大额医疗费、课外辅导班的费用，可以在起诉状中明确请求，在庭审过程中与对方协商，只要双方能够协商一致，法院也会支持。

---

① 《北京市高级人民法院关于审理婚姻纠纷案件若干疑难问题的参考意见》第六条第一款规定："当事人未就未成年子女抚养问题达成一致且在离婚案件中未提出请求的，人民法院应予以释明；经释明当事人不提出相应请求的，人民法院可以依职权对未成年子女抚养问题进行处理。"

第二，探望权需要明确且具备可操作性。在主张探望权时，应将平日、周末、寒暑假、法定节假日均考虑在内，结合孩子学校假期安排、课外班情形以及作息习惯进行主张。明确不同假期，接孩子的时间以及把孩子送回的时间。

第三，婚姻关系存续期间，如夫妻长期分居或一方长期在外打工，一方长期未支付抚养费，可由子女起诉主张婚姻关系存续期间的抚养费。

最高人民法院相关负责人就少年法庭工作办公室和未成年人司法保护典型案例的有关情况答记者问中提到："一般来讲，婚姻关系存续期间，夫妻双方以共同财产抚养未成年子女，不会产生抚养费的问题，但是，考虑到现实存在的如夫妻长期分居或一方长期在外打工，事实上只能由另一方抚养未成年子女的情况，我们在去年12月发布的《民法典婚姻家庭编司法解释（一）》中将未成年子女抚养费请求权扩展到了婚姻关系存续期间，以更好地保障未成年人的合法权益。也就是说，双方未离婚之前，如果一方独自负担抚养费，在双方长期分居或者一方长期在外打工的情况下，可以在离婚时向对方主张。但是根据法律规定，只能由子女提起诉讼，而不能由直接抚养一方直接起诉。"[1]

第四，抚养费的给付期限，一般至子女18周岁为止。16周岁以上不满18周岁，以其劳动收入为主要生活来源，并能维持当地一般生活水平的，父母可以停止给付抚养费。

如果双方协商一致，不直接抚养一方自愿支付抚养费直至婚生子女完成全日制学历为止，对于未成年子女的保障更为充分。

3.请求法院依法分割原、被告婚后共同财产。

（1）共同财产需具体列明，房屋坐落等财产信息要填写准确。例如，依

---

[1]　《最高法相关负责人就少年法庭工作办公室和未成年人司法保护典型案例的有关情况答记者问》，载中华人民共和国最高人民法院官网，http://www.court.gov.cn/zixun-xiangqing-288711.html，最后访问日期：2023年4月3日。

法分割登记于某某名下位于某市某区某地址的房产，价值×××万元。

（2）共同财产列明是否会导致诉讼费增加？根据《诉讼费用交纳办法》相关规定，离婚案件每件交纳诉讼费50元至300元。涉及财产分割，财产总额不超过20万元的，不另行交纳；超过20万元的部分，按照0.5%交纳。以调解方式结案或者适用简易程序审理的案件，减半交纳案件受理费。

如果你觉得第一次起诉可能无法成功离婚，担心诉讼费损失，可以先概括填写，待立案后根据诉讼情况决定是否增加诉讼请求，以节约诉讼费。

4.请求法院依法判令被告支付原告离婚经济补偿×万元。如果你因照顾老人、子女等需要，将更多的时间、精力投入无偿的家务劳动中，离婚时可以向对方主张经济补偿。补偿的金额法律没有规定，目前各地判例多数为1万元至10万元。北京第一例判例支持金额为5万元，这个金额会根据两个人共同生活的时间长短、对方的收入，以及当地平均生活水平的不同而不同。诉讼请求通常表述为："请求法院依法判令被告支付原告离婚经济补偿×万元。"

5.离婚损害赔偿。这是指因夫妻一方的重大过错导致婚姻关系破裂的，无过错方有权请求过错方对其损失予以赔偿的法律制度。夫妻一方的重大过错，是指夫妻一方有重婚、与他人同居、实施家庭暴力、虐待及遗弃家庭成员、有其他重大过错这五种情形。离婚损害赔偿，不仅包括物质损害赔偿，还包括精神损害赔偿。诉讼请求通常表述为："请求法院依法判令被告支付原告离婚损害赔偿×万元。"

此处需要注意三点：一是有权提起离婚损害赔偿的主体仅限于无过错一方，夫妻双方均有过错的，无权请求离婚损害赔偿。二是无过错方作为原告向人民法院提起损害赔偿请求的，必须在离婚诉讼的同时提出。三是无过错方作为被告的离婚诉讼案件，如果被告不同意离婚也不基于该条规定提起损害赔偿请求的，可以就此单独提起诉讼。

6.请求依法分割夫妻共同债权，承担共同债务。如果有夫妻共同债权，可以在离婚诉讼中一并提出分割。夫妻共同债权金额及借款人均需明确。表述可参考"夫妻共同债权××元归被告所有，被告支付原告该笔债权的折价款××元"。

如果有夫妻共同债务，可以在离婚时请求共同承担。表述可参考："夫妻共同债务××万元由原、被告共同偿还，二人各偿还二分之一。"

7.本案诉讼费由被告承担。如果原告愿意承担，也可以主张其自己承担。

四、事实与理由

即原告提出诉讼请求的事实依据与法律依据。对于离婚案件，事实与理由部分应侧重于陈述双方恋爱过程、感情基础、婚姻及子女情况、离婚的理由以及呼应诉讼请求。可以按照时间先后顺序简明扼要地陈述：婚前相识方式、恋爱情况及婚前感情基础。登记结婚及生育子女情况，双方婚史，婚后夫妻感情发展状况，夫妻矛盾产生过程，是否分居、是否已经过调解，离婚协商情况，有无和好可能。原告应向法院表明对婚姻关系的明确态度及对于离婚后子女抚养，财产处理问题的意见。

如果第二次起诉离婚，需要列明第一次起诉及判决不予离婚的时间。

事实与理由部分的书写，需要简明扼要、切中重点。对于情绪不宜过多抒发，对于被告的过错不宜过度夸大，否则容易激化矛盾。

五、尾部

尾部包括结尾和附录。结尾写明此致法院和落款。即写完事实和理由后，另起一行空两格写"此致"，再另起一段顶格写法院名称。法院名称需要和法院官网进行核对，务必书写准确。原告本人签字并注明日期。

附项应写明民事起诉状的副本数、附送证据的名称及件数。

通过以上五个部分的具体讲解，相信你也可以自己写好一份民事起诉状。本书附录部分还有一份《民事起诉状》模板以供参考。

法条链接

《最高人民法院关于适用〈中华人民共和国民法典〉婚姻家庭编的解释（一）》

第四十三条 婚姻关系存续期间，父母双方或者一方拒不履行抚养子女义务，未成年子女或者不能独立生活的成年子女请求支付抚养费的，人民法院应予支持。

第八十六条 民法典第一千零九十一条规定的"损害赔偿"，包括物质损害赔偿和精神损害赔偿。涉及精神损害赔偿的，适用《最高人民法院关于确定民事侵权精神损害赔偿责任若干问题的解释》的有关规定。

第八十七条 承担民法典第一千零九十一条规定的损害赔偿责任的主体，为离婚诉讼当事人中无过错方的配偶。

人民法院判决不准离婚的案件，对于当事人基于民法典第一千零九十一条提出的损害赔偿请求，不予支持。

在婚姻关系存续期间，当事人不起诉离婚而单独依据民法典第一千零九十一条提起损害赔偿请求的，人民法院不予受理。

第八十八条 人民法院受理离婚案件时，应当将民法典第一千零九十一条等规定中当事人的有关权利义务，书面告知当事人。在适用民法典第一千零九十一条时，应当区分以下不同情况：

（一）符合民法典第一千零九十一条规定的无过错方作为原告基于该条规定向人民法院提起损害赔偿请求的，必须在离婚诉讼的同时提出。

（二）符合民法典第一千零九十一条规定的无过错方作为被告的离婚诉讼案件，如果被告不同意离婚也不基于该条规定提起损害赔偿请求的，可以就此单独提起诉讼。

（三）无过错方作为被告的离婚诉讼案件，一审时被告未基于民法典第一千零九十一条规定提出损害赔偿请求，二审期间提出的，人民法院应当进行调解；调解不成的，告知当事人另行起诉。双方当事人同意由第二审人民法院一并审理的，第二审人民法院可以一并裁判。

第八十九条　当事人在婚姻登记机关办理离婚登记手续后，以民法典第一千零九十一条规定为由向人民法院提出损害赔偿请求的，人民法院应当受理。但当事人在协议离婚时已经明确表示放弃该项请求的，人民法院不予支持。

第九十条　夫妻双方均有民法典第一千零九十一条规定的过错情形，一方或者双方向对方提出离婚损害赔偿请求的，人民法院不予支持。

第六章　如何争取抚养权

第一节　女方没有房，还能争取抚养权吗

有一位女士前来咨询，自己工作稳定，女儿3岁，从小主要由女方抚养长大，现在老公非常强势地提出离婚，并要孩子的抚养权，说自己有房，女方没有房子，孩子肯定会被判给有房的一方。

法官在判决时，是不是没有房子的一方，就肯定拿不到抚养权呢？答案当然是否定的。

法官在判决时，会先看孩子的年龄。这个孩子的年龄是3岁，3岁孩子抚养权的裁量标准是，由法院根据父母的具体情况，按照最有利于未成年子女的原则判决。不满2周岁的孩子，原则上抚养权归女方。满8周岁的孩子，可以自己选择跟父亲还是跟母亲。

那么，什么叫有利于未成年子女的原则，是不是谁有钱、谁的房子大、谁的学历高就算有利于未成年子女呢？答案也是否定的。

法官会综合比较父母的四个条件。

第一，一方是否有别的子女，而另一方只有这一个子女。

第二，一方是否已经绝育或者丧失生育能力。

第三，哪一方长期带孩子，会被优先考虑。

第四，患有久治不愈的传染性疾病或者其他严重疾病，或者有家庭暴力等恶习的，属于考虑抚养权时的不利因素。

如果说夫妻双方以上条件都差不多，这时候法官就会考虑第五个因素：夫妻双方平时自己不能带孩子，孩子跟着爷爷、奶奶或者外公、外婆单独生活，如果爷爷、奶奶或者外公、外婆愿意继续帮忙带孩子，可以作为这一方父母争取抚养权的有利条件考虑。

综上所述，从法律规定来说，并没有提到房子、财产这一因素。法官在裁判的时候，经济实力虽然会作为考虑因素之一，但只要有稳定的收入来源，房子对于争取抚养权的重要性来说远远不及陪伴。

因此，回到前面的问题，这位女士一直是抚养孩子的主力，又有稳定的工作和收入，即使没有房子，能够争取到抚养权的可能性也是非常大的。

第二节　你知道抚养费的支付标准吗

有客户前来咨询时说道："我老公月薪1万元，我们准备离婚，现在商量抚养费，但是他说法院只会支持2000元抚养费，真的是这样吗？"我问她："那你知道他的公积金有多少吗？年终奖有多少吗？"她回答："公积金每月有好几千元，年终奖也有十几万元。"

在平时咨询的过程中，我发现很多人对于抚养费的计算标准都是模模糊糊的，这就导致在离婚谈判中，很可能由于信息的不对称而使能主张的抚养费没有得到。

一、关于抚养费的四个知识点

1. 比例。一个孩子的抚养费按月总收入的20%至30%计算，两个孩子通常不超过50%。

2. 计算基数，抚养费的计算基数是税后收入，而不是税前收入。但是，包括工资、住房公积金、年终奖、季度奖都需要加在一起，计算月平均收入。有相当一部分单位尽管工资不高，但是福利待遇不错，公积金和年终奖都比较高，这样抚养费也应该适当提高一点。

3. 高收入一方抚养费标准会适当调低；孩子有特殊需求的，抚养费比例可适当调高。比如，有的家庭父母一方的年薪是300万元，抚养费如果按照20%或30%计算，远远超过养育一个孩子正常的支出。这时候，法院就会看孩子的实际支出是多少，如学费、一日三餐、必要的学习费用是多少，参考实际花费和当地普遍的生活水平确定标准。

如果孩子有一些特殊的必要开销，如每月固定支出的医药费等，父母一方收入的30%无法保障孩子的必要开销，这时候就会相应提高抚养费标准。

4. 如果你希望对方在抚养费之外另行分担补课费、课外班等费用，一定要明确约定，否则抚养费默认包括必要的生活费、教育费、医疗费等费用。

二、关于抚养费约定的两个注意点

1. 在双方协议离婚或者通过法院调解离婚的情况下，尽量约定抚养费每三年上浮一定的比例。随着被告收入的提升，以及通货膨胀、孩子开销的增加等情况，原来确定的抚养费标准可能不足以负担孩子的必要生活费用的一半。这时候，如果双方能够协商确定抚养费可以定期上浮一部分，无疑对于未成年人的保护更为全面。需要注意的是，如果双方对于抚养费定期上浮达不成一致意见，只能由法院来判决的话，法院较少支持这种上浮条款。

2. 如果对方愿意支付抚养费至孩子大学毕业，这样比约定支付到孩子年满18周岁，对抚养孩子的一方来说更为有利。

三、起诉要求抚养费如何主张？

如果向法院起诉，要求对方支付抚养费，条款可以参考如下表述。

1. 一个孩子的情况下，参考表述如下："请求法院依法判令原、被告之女/子＿＿＿＿＿＿＿由原告抚养，被告每月向原告支付抚养费人民币＿＿＿＿＿＿＿元直至女儿/儿子年满18周岁（或约定为完成全日制学历为止）。"

2. 两个孩子的情况下，参考表述如下："请求法院依法判令原、被告之女＿＿＿＿＿＿＿、之子＿＿＿＿＿＿＿由原告抚养，被告每月向原告支付抚养费人民币＿＿＿＿＿＿＿元直至女儿及儿子分别年满18周岁（或约定为分别完成全日制学历为止）。"

第三节　离婚时约定房产给孩子的利与弊

不少父母在离婚时，出于双方利益的平衡，会约定将夫妻双方名下的房产赠与孩子。这种情况下需要考虑签署离婚协议又没过户至孩子名下时，如果一方反悔，对子女赠与的财产约定能否撤销，以及房子赠与孩子的利与弊。

一、离婚协议将房产约定赠与孩子，没履行前能否撤销

关于在离婚协议中将房产约定赠与孩子，没过户之前能否撤销的问题，有以下两种观点。

第一种观点认为，离婚协议中父母将房产给予子女，事实上是一种赠与合同，没有过户前可以撤销赠与。赠与撤销后，该房产仍属夫妻双方的共同财产，双方可另行分割。

第二种观点则认为，离婚协议书是具有强烈身份关系属性的民事合同，对子女的赠与条款是基于夫妻之间身份关系的变化达成的协议，与赠与合同有所不同，不能撤销。

实践中，第二种观点是主流观点，即双方在离婚协议中约定的赠与事项系出于解除双方身份关系的动机、为保障双方子女的权益而作出，属于双方就离婚事项所作整体约定的一部分，具有道德义务的性质，非因法定事由不能随意撤销，因此离婚协议中将房产约定赠与孩子是不能任意撤销的。

需要注意的是，由于孩子不具备还款能力，因此如果房产想要登记在未成年子女一人名下，该房产只能是全款购买的，不能有银行贷款或者是公积金贷款。如果房屋有贷款且无法一次性还清，则只能选择夫妻一方和孩子共有，且夫妻一方也需要符合银行或公积金中心贷款的要求，具备相应的还款能力。

二、房产约定在孩子名下的利与弊

房产约定赠与孩子的好处是，如果房产归夫妻中的任意一方，需要对另一方给予补偿。如果短期拿不出补偿款，双方就很难就房屋的归属达成一致。而约定把房产给孩子，则双方无须再向另一方支付补偿款。

房产约定赠与孩子的弊端是，有一些后续问题需要处理。

一是父母无权擅自处分孩子名下的房产。当房产约定赠与孩子之后，房产便归孩子所有。尽管父母可能觉得孩子没有出资，也没有参与还贷，但一旦房产过户到孩子名下，按照法律规定，监护人应当按照最有利于被监护人的原则履行监护职责。监护人除为维护被监护人利益外，不得处分被监护人的财产。也就是说，父母基于投资或者自身需求，是不能卖掉这套房产的。而出于被监护人利益处分房产，程序也较为烦琐。根据《不动产登记暂行条例实施细则》第十一条第二款规定："监护人代为申请登记的，应当提供监护人与被监护人的身份证或者户口簿、有关监护关系等材料；因处分不动产而申请登记的，还应当提供为被监护人利益的书面保证。"

二是将来万一父母和子女产生矛盾，房屋无法收回。如果几十年后父母和子女因为赡养等问题发生矛盾，到时候想要回房产，从法律规定上来看是缺乏依据的。

因此，在考虑房产归属时，要不要把房产约定给孩子，需要根据家庭目前和未来的情况进行通盘考虑，不能只考虑离婚当时的情况。

第四节　如果孩子判给一方，会影响孩子在另一方家庭的继承权吗

不少客户在咨询的时候都会担心一个问题，就是如果孩子的抚养权归自己，配偶再婚又生育一个孩子，会不会影响到自己孩子在对方家庭的继承权。接下来将讲一讲继承的相关问题。

一、法定继承

如果被继承人去世，在没有遗嘱的情况下，会按照法律规定的顺位继承财产。第一顺序的继承人包括配偶、子女、父母；第二顺序的继承人包括兄弟姐妹、祖父母、外祖父母。只要有第一顺序的继承人，就由第一顺序的继承人继承，第二顺序继承人不继承。没有第一顺序继承人继承的，由第二顺序继承人继承。而子女，包含婚生子女、非婚生子女、养子女和有扶养关系的继子女，都有平等的继承权。

也就是说，即使离婚，在抚养权约定归父母中的一方的情况下，子女对于父母双方的遗产依然具有合法继承权，只是如果父母一方再生育子女的，或者再婚配偶有子女并由其抚养的，第一顺序继承人的人数会增加，从而自己子女可以继承到的份额会相应减少。

有些人会问，那会不会影响对爷爷、奶奶或外公、外婆的遗产继承？如果爷爷、奶奶、外公、外婆没有立遗嘱的话，通常情况下，是由其配偶、子女、父母作为第一顺序继承人继承遗产，（外）孙子女是无法直接继承的。

二、遗嘱继承

除了法定继承，有越来越多的人通过立遗嘱的形式决定遗产的归属。如果被继承人通过遗嘱自主安排遗产继承人，则不再适用上述的法定继承。也

就是说，在存在遗嘱的情况下，子女能否分到对方家庭遗产，主要看长辈个人意愿。只要遗嘱中为缺乏劳动能力又没有主要来源的继承人保留了必要的遗产份额，其余部分可以由长辈根据自己的意愿决定财产的归属。

法条链接

《中华人民共和国民法典》

第一千一百二十六条　继承权男女平等。

第一千一百二十七条　遗产按照下列顺序继承：

（一）第一顺序：配偶、子女、父母；

（二）第二顺序：兄弟姐妹、祖父母、外祖父母。

继承开始后，由第一顺序继承人继承，第二顺序继承人不继承；没有第一顺序继承人继承的，由第二顺序继承人继承。

本编所称子女，包括婚生子女、非婚生子女、养子女和有扶养关系的继子女。

本编所称父母，包括生父母、养父母和有扶养关系的继父母。

本编所称兄弟姐妹，包括同父母的兄弟姐妹、同父异母或者同母异父的兄弟姐妹、养兄弟姐妹、有扶养关系的继兄弟姐妹。

第一千一百四十一条　遗嘱应当为缺乏劳动能力又没有生活来源的继承人保留必要的遗产份额。

第七章　离婚证据调查

第一节　离婚时如何调查对方财产

普通人关于离婚时如何调查对方的财产有很多误区。大家并不了解怎样才可以调取对方的财产信息，哪些信息能获取，哪些信息无法获取。财产调查的手段往往是离婚案件中最重要的，它决定了你最终能拿到多少共同财产。

要知道，根据目前的财产调查制度，你最终能分割到的财产有多少，取决于你了解到的对方的财产情况以及你了解到的可以分割的共同财产种类。你了解到的对方的财产情况是指，即使申请法院调查对方名下的财产，也需要你能提供准确的财产线索，如银行账号，这样法院才能查询余额和流水。如果你对对方的银行卡号一无所知，也可以请求法官责令对方提供，但这时候如果对方不配合，或者只提供一个基本工资卡，你就没有办法核实对方是否隐藏了其他银行卡。你了解到的可以分割的共同财产种类是指分割的财产范围和种类，需要当事人自己明确，法官是无法替你说哪些财产可以分割，哪些是不能分割的。比如，如果你不知道对方个人养老保险账户余额可以分割，就会损失这部分利益，如果你不知道装修的剩余价值也能分割，也会因为自己缺乏这部分知识而损失相应的利益。

一、如何申请法院调取对方的财产情况？

不管你请不请律师，都可以向法院申请查询对方名下的财产信息。你需要向法院提交书面申请书，写明你想要调取的内容。比如，你想要调取对方的银行流水，就需要提供对方的银行卡账号。所以在准备起诉离婚前，你最好留意家里的账单显示的对方银行卡号，留意对方购买的保险、目前的工作单位、工资发放具体情况等，否则会在财产分割时陷入被动。

二、能够调取的财产类型

1. 存款及流水

很多人只知道可以查询余额，不知道还能查询流水。其实，流水比余额重要很多，它能看出对方是否有转移财产的行为。如果对方有大笔转账但是无法提供合理说明，那么对方转移的钱也是要平分的。此外，你可以在调查取证申请书上写上查询对方账户内附带理财产品或基金等其他财产的情况，这样就可以通过流水调查对方购买理财或基金产品的情况。

2. 对方的公积金、婚后养老保险账户中个人缴费的部分

对于工资待遇比较高的单位来说，这部分的金额也不低。公积金余额较高的一方需要把多出来的部分分给对方一半。

很多人不知道，婚后缴纳的养老保险账户中的个人缴费部分也是夫妻的共同财产，是可以在离婚时进行分割的。

北京市第三中级人民法院（2021）京03民终8696号民事判决书中明确：关于本案中原、被告名下的养老保险个人缴存部分及公积金账户内的资金，截至双方离婚时的余额应属夫妻共同财产，该部分财产在离婚协议中并未涉及，现双方均主张分割对方名下的部分，法院予以支持。

3. 对方的股票账户情况

如果对方炒股，但是你不知道对方的股票账户信息。可以申请调查中国证券登记结算有限责任公司登记的被告名下证券公司开户情况及股票账户明细对账单。

4. 对方支付宝交易明细、资金余额及投资收益

你需要在申请书上写清名称是"支付宝（中国）网络技术有限公司"，支付宝会把上述明细提交法院。

5. 对方的微信余额及交易明细

查询名称为"财付通支付科技有限公司"，可以查询微信钱包余额及交易记录明细及投资收益。

6. 婚后购买的豪华家具、家电

如果装修和购买家具发生在结婚后，那么那些豪华沙发、橱柜、液晶屏电视同样属于夫妻共同财产，双方可以协商一个金额进行分割。

7. 保险

保险的分类很多，能否分割一方面要看出资来源；另一方面要看保险种类。限于篇幅，本文仅仅分析出资来源这一情况。如果保费是对方用婚前财产缴纳的，属于对方的婚前个人财产。如果保费是用夫妻共同财产缴纳的，则属于夫妻共同财产，可以分割。

8. 房屋装修费

如果房产是使用夫妻的共同财产装修的，那么装修也可以按照现在的价值折价进行分配。

9. 婚后购买的贵重金属

如果婚后购买了贵重金属，不属于结婚时赠与一方的"三金"，也可以主张分割。

需要注意的是，虽然除了律师，当事人也可以向法院提出书面的调查取证申请书。但是实践中，律师拿着法院开具的调查令可以去调取证据，而当事人没法直接调查取证。也就是说，需要法官去调取证据。在目前案多人少的情况下，如果需要调取的证据种类比较多，建议你还是通过律师调取证据。

第二节　如何证明感情已经破裂

当一方要求离婚，另一方不同意离婚的时候，只能通过到法院起诉来实现解除婚姻关系的目的。这时候，法院需要根据证据审核双方是否构成感情破裂，也就是说，是否构成感情破裂是法院判断双方能否解除婚姻关系的唯一标准。法官通常会从婚姻基础、婚后感情、离婚的原因、夫妻关系的现状及有无和好的可能等方面进行综合判断。

一、法律关于感情破裂的认定标准

《民法典》第一千零七十九条第二款至第五款规定："人民法院审理离婚案件，应当进行调解；如果感情确已破裂，调解无效的，应当准予离婚。有下列情形之一，调解无效的，应当准予离婚：（一）重婚或者与他人同居；（二）实施家庭暴力或者虐待、遗弃家庭成员；（三）有赌博、吸毒等恶习屡教不改；（四）因感情不和分居满二年；（五）其他导致夫妻感情破裂的情形。一方被宣告失踪，另一方提起离婚诉讼的，应当准予离婚。经人民法院判决不准离婚后，双方又分居满一年，一方再次提起离婚诉讼的，应当准予离婚。"

1. 重婚

重婚是指有配偶的人与他人结婚的违法行为，包括法律上的重婚和事实上的重婚。法律上的重婚，是指配偶和他人登记结婚。事实上的重婚，是指配偶和他人未登记结婚，但以夫妻名义同居生活。重婚是否构成犯罪，根据《刑法》第二百五十八条的规定："有配偶而重婚的，或者明知他人有配偶而与之结婚的，处二年以下有期徒刑或者拘役。"但是目前，已婚再去和他人登记结婚的情形已经很少了，而公开以夫妻名义生活，又存在取证上的困难。

2. 有配偶者与他人同居

根据法律规定，同居，是指有配偶者与婚外异性，不以夫妻名义，持续、稳定地共同居住。有配偶者与他人同居和事实上的重婚的区别在于，对外是以夫妻名义还是不以夫妻名义生活。有配偶者与他人同居不同于偶发的出轨行为，需要双方共同居住，且有时间上的持续性、稳定性。实践中，通常要求有配偶者与他人共同居住生活持续三个月以上。

3. 实施家庭暴力或者虐待、遗弃家庭成员

根据《反家庭暴力法》，家庭暴力，是指家庭成员之间以殴打、捆绑、残害、限制人身自由以及经常性谩骂、恐吓等方式实施的身体、精神等侵害行为。从家庭暴力的定义上看，家庭暴力不仅包括有形的身体暴力，还包括无形的精神暴力，如以暴力进行恐吓、威胁、逼迫。

虐待家庭成员，是指经常以打骂、禁闭、捆绑、冻饿、有病不给治疗、强迫过度体力劳动等方式，对共同生活的家庭成员实施肉体上、精神上的摧残、折磨。《最高人民法院关于适用〈中华人民共和国民法典〉婚姻家庭编的解释（一）》第一条规定："持续性、经常性的家庭暴力，可以认定为民法典第一千零四十二条、第一千零七十九条、第一千零九十一条所称的'虐待'。"

遗弃家庭成员，是指对于老年、年幼、患病或者其他没有独立生活能力的人，负有扶养义务而拒绝扶养。

4. 有赌博、吸毒等恶习屡教不改

夫妻一方染上赌博、吸毒的恶习并且屡教不改的，会导致家庭积蓄消耗较重，很多案件中一方还会大额借款用于赌博和吸毒，使婚姻无法维持。

5. 因感情不和分居满二年

法律对于分居的前提进行了限制，必须是感情不和导致的分居，其他原因分居不构成离婚的法定事由。

6. 其他导致夫妻感情破裂的情况

这是一个兜底条款，也就是说，不符合以上五种情形，但是法官认为也

属于感情破裂的情形。

上述这些条件，其实并不容易达成。比如，两人三观不合，过不到一块儿，或者一方出轨这些情况，都不属于感情破裂的法定事由。而法律规定的感情破裂的标准，如重婚，在实际生活中比较少见，与他人同居比出轨的要求更为严格，需要达到同居的状态。家庭暴力、赌博、吸毒而且屡教不改，对于大部分家庭来说还是较为少见的。

分居，看起来相对容易实现，但符合条件的也不多。一方面是因为很多人分居等不到两年就走到了离婚这一步，不符合两年的时间限制。另一方面是因为符合法律规定的分居条件是比较难达到的。所以，在司法实践中，对于无法证明感情破裂的案件，第一次通常不会判决离婚。往往需要六个月后再次起诉，判决离婚的可能性才会比较大。

二、证明感情破裂的证据有哪些?

1. 一方重婚的，可提交该人因重婚罪被刑事处罚的法律文书；一方与他人同居的，可提交相关的证据。

2. 实施家庭暴力或虐待、遗弃家庭成员的，可提交法医鉴定、病历、报案证明、公安机关询问调查资料、身体受伤的照片、证人证言等。广东省高级人民法院的《人身安全保护裁定适用指引》第六条规定，证明存在家庭暴力危险的证据，包括但不限于：照片、病历、法医鉴定、报警证明、证人证言、社会机构的相关记录或者证明、加害人保证书、加害人带有威胁内容的手机短信等。

未成年子女作为证人提供证言，可不出庭做证，由审判人员单独对该未成年子女进行询问。

受害人因客观原因不能自行收集证据的，经受害人申请，或者人民法院认为确有必要时，人民法院可以依职权调查、收集、保全相关证据。

3. 有赌博、吸毒等恶习屡教不改的，可提交有关机关出具的证明等。受到行政处罚、刑事处罚的，可提交有关部门予以处罚的法律文书。

4. 因感情不和分居满两年的，可提交相关的证据。

5. 一方被宣告失踪的，应提交公安机关或其他有关机关关于该人下落不明的书面证明，也可提交人民法院宣告失踪的民事判决书。

6. 导致夫妻感情破裂的其他证据。

三、《民法典》新规定解读

《民法典》第一千零七十九条第五款规定："经人民法院判决不准离婚后，双方又分居满一年，一方再次提起离婚诉讼的，应当准予离婚。"

前文说过，对于第一次判决不准离婚的案件，通常来说六个月之后可以再次起诉，大部分案件在第二次起诉时都会判决离婚，实际上不需要达到分居满一年。

但是第二次起诉通常判离，只是实践中的一个常态做法，并没有上升到法律规定的高度，也有一些案件起诉三四次，法院也没判决离婚。所以这条规定是给法院提供了一条裁判规则，对于第一次判决不准离婚的，只要分居满一年，一方再次提出离婚，法院应该判决离婚。

法条链接

《最高人民法院关于适用〈中华人民共和国民法典〉婚姻家庭编的解释（一）》

第二条 民法典第一千零四十二条、第一千零七十九条、第一千零九十一条规定的"与他人同居"的情形，是指有配偶者与婚外异性，不以夫妻名义，持续、稳定地共同居住。

《中华人民共和国刑法》

第二百五十八条 有配偶而重婚的，或者明知他人有配偶而与之结婚的，处二年以下有期徒刑或者拘役。

第八章 强制执行及假离婚成真离婚

第一节 离婚协议确认归我的房子还没过户，
因对方欠债被法院查封怎么办

在考虑离婚财产如何分配时，建议大家不仅要考虑所分财产的价值，还要考虑权属变更登记能否尽快实现，对方是否有大额欠款以及对方偿债能力等。因为即使离婚协议约定房产归你，但在离婚后如果长期不能办理变更登记，你就会承担一定的风险。

比如，婚内购买房产登记在夫妻双方名下，离婚协议约定这套房归你所有，在还没来得及把两人共同共有财产变更成你单独所有时，房产就因为对方欠债被法院查封了，你该怎么办？如果把离婚协议提交给执行法官，说明你们两人已经离婚，房产归你一人所有，法官会解除查封吗？

这个问题涉及房产登记权利人和实际权利人不一致的问题，房产登记在两人名下但已经约定全部归一方所有，在还没办理变更登记手续之前，对房产实际所有一方来说风险很大，这也是我建议你在签署离婚协议后要尽快办理房产变更登记的原因。

如果很不幸，你碰到了案例中的情况，在法律程序上，你可以通过以下步骤为自己争取时间，防止法院立即拍卖房产，导致你后续更难处理。

第一步，联系执行法官复印法律文书（也就是执行依据）、执行裁定书、协助执行通知书。拿到这些法律文书，你可以从以下几个角度快速了解情况。

一是法院为什么查封这套房产，是前配偶一个人欠债，还是这笔债务被认定为夫妻共同债务，你们两个人都要偿还，或是前配偶承担担保责任、侵权责任等其他情况。你可以从判决主文中获取这部分信息，看法律文书上是只要求前配偶承担责任还是要求你们夫妻双方共同承担责任。二是了解法院执行的金额，判断你或者前配偶是否有能力偿还债务来换取法院解除查封。三是了解这笔欠款是否发生在你们的婚姻关系存续期间。

第二步，提起案外人异议。这个程序非常关键，它可以为你争取到一个月左右的时间，一旦你提起案外人异议，法院通常情况下就需要暂停对这套房产的拍卖程序，不会立即处置。

案外人异议是执行程序中，你可以提出的一个合法救济措施，也就是说，你可以通过案外人异议程序主张这套房子实际上是你的，法院不应该把该房产作为前配偶的财产予以强制执行。如果法院认为你的主张有道理，可以裁定中止对该标的的执行；如果法院认为你的主张站不住脚，会裁定驳回。

第三步，如果在案外人异议程序中，你的主张没有得到支持，你可以再提起案外人异议之诉。案外人异议和案外人异议之诉的区别在于，案外人异议是在执行程序中向执行裁决庭的法官提出的，依然是执行程序。而案外人异议之诉是审判程序，是由审判庭的法官进行实体审理的。案外人异议之诉的审理时间更长，通常情况下，一审在6个月以内，二审在3个月以内，能为你争取更多的时间，因为在案外人执行异议之诉审理期间，通常情况下法院不得对执行标的进行处分。

这些步骤只能为你争取多一点的时间来处理眼前棘手的事情，那么，法院最终会不会支持你的主张，是解除对房屋的查封，还是会继续执行这套房产要分几种情况。

第一种情况是，法律文书认定这笔债务是你们夫妻俩的共同债务。这种情况下，你通过在执行程序中提出异议是没有用的。如果这笔借款你确实不知情，对方也没有用于家用，你也没有事后追认借款或者还贷，你只能考虑通过审判监督程序推翻原来的判决。

第二种情况是，如果你能举证证明你对未办理房屋所有权转移登记没有过错，而且你们离婚的时间早于判决书确定的债务形成的时间，你的案外人异议的诉求很可能会被支持。

第三种情况是，如果离婚的时间晚于判决书确定的债务形成的时间，会被法院认为有通过离婚逃避债务的可能，便很难支持你要求停止拍卖的主张。

第四种情况是，你在该房屋被法院查封之前已经起诉了前配偶，要求其履行过户手续，且离婚协议签订于判决书所确定的债务形成之前的，你要求法院不执行该房产的主张很可能会被支持。

综上所述，在双方商谈离婚财产分配方案时，需要考虑房产归属、房贷由谁偿还，在有抵押的情况下，贷款银行是否配合变更贷款人和房屋所有权人，以及前配偶是否有不明债务、延迟过户风险能否承受等情形，从而设计一套对你来说风险更小的离婚方案。

法条链接

《最高人民法院关于适用〈中华人民共和国民事诉讼法〉执行程序若干问题的解释》

第十四条　案外人对执行标的主张所有权或者有其他足以阻止执行标的转让、交付的实体权利的，可以依照民事诉讼法第二百二十七条的规定，向执行法院提出异议。

第十五条　案外人异议审查期间，人民法院不得对执行标的进行处分。

案外人向人民法院提供充分、有效的担保请求解除对异议标的的查封、扣押、冻结的，人民法院可以准许；申请执行人提供充分、有效的担保请求继续执行的，应当继续执行。

因案外人提供担保解除查封、扣押、冻结有错误，致使该标的无法执行的，人民法院可以直接执行担保财产；申请执行人提供担保请求继续执行有错误，给对方造成损失的，应当予以赔偿。

第十六条 案外人执行异议之诉审理期间，人民法院不得对执行标的进行处分。申请执行人请求人民法院继续执行并提供相应担保的，人民法院可以准许。

案外人请求解除查封、扣押、冻结或者申请执行人请求继续执行有错误，给对方造成损失的，应当予以赔偿。

《中华人民共和国民事诉讼法》

第二百三十四条 执行过程中，案外人对执行标的提出书面异议的，人民法院应当自收到书面异议之日起十五日内审查，理由成立的，裁定中止对该标的的执行；理由不成立的，裁定驳回。案外人、当事人对裁定不服，认为原判决、裁定错误的，依照审判监督程序办理；与原判决、裁定无关的，可以自裁定送达之日起十五日内向人民法院提起诉讼。

第二节　离婚协议约定财产归非举债一方，债务归举债一方，债权人能否行使撤销权

对于配偶一方有大额欠款且无力偿还的情况，很多夫妻为了保全财产，保障非举债一方及孩子的生活，可能会协议离婚，约定夫妻共同财产归非举债一方所有，而负债、房贷归另一方，这种协议可以避免债权人找非举债一方要债吗？

对于这种通过离婚协议约定把所有财产归一方，所有债务归另一方的，在不涉及第三人的情况下，只要是夫妻双方自愿签署的，也是有效的。但是在涉及第三人时，这种协议影响了一方的偿债能力，也就是说，侵害了第三人的权益，这时候第三人可以行使法律赋予他的"撤销权"。

一、关于撤销权的法律规定

《民法典》第五百三十八条规定："债务人以放弃其债权、放弃债权担保、无偿转让财产等方式无偿处分财产权益，或者恶意延长其到期债权的履行期限，影响债权人的债权实现的，债权人可以请求人民法院撤销债务人的行为。"

《民法典》第五百三十九条规定："债务人以明显不合理的低价转让财产、以明显不合理的高价受让他人财产或者为他人的债务提供担保，影响债权人的债权实现，债务人的相对人知道或者应当知道该情形的，债权人可以请求人民法院撤销债务人的行为。"

二、债权人行使撤销权的构成要件

债权人行使撤销权应具备以下构成要件。

1. 债权人对债务人存在合法有效的债权，且转让财产的时间需要早于债权形成时间

法院认为，刘某与胡某系2017年8月18日签订的《离婚协议书》。璧某公司与刘某之间签订的一系列协议均在该时间之后，唯有刘某向璧某公司出具的《承诺函》在上述日期之前，即2017年6月27日。[①]

从《承诺函》的内容来看，璧某公司尚未设立，刘某在当时仅是具有向璧某公司投资的意向，且刘某的身份既非即将设立的璧某公司股东，亦非实际控制人，仅为联合创始人。在刘某向璧某公司作出承担连带保证责任承诺时双方并未对主合同、债务人及主债务作出明确的约定，璧某公司亦未与任何相关主体订立合同，在主债务未形成的情况下，璧某公司与刘某之间尚不存在债权债务关系。

依据上述事实，在刘某与胡某签订《离婚协议书》之前，璧某公司与刘某之间并不存在债权债务关系，璧某公司主张刘某转移财产的行为侵害其债权，进而要求撤销刘某与胡某依据《离婚协议书》第三条第一项、第二项、第三项所进行的相关行为，无事实依据，一审法院不予支持。

2. 债务人实施了有损于债权的诈害行为，即债务人存在无偿转让财产或以明显不合理的低价转让财产的情形

第一，债务人无偿转让财产，此种情形下债权人不需要证明债务人的配偶是否知情。

在李松、蓝丽婚姻关系存续期间，2015年6月，李松在马南处分两次借款175万元，借款期限到期后，李松未全额偿还本金。2017年，马南将李松、蓝丽起诉至法院，要求李松、蓝丽共同还款。案件庭审中，马南得知李松、蓝丽已于2016年10月14日协议离婚，并在《离婚协议书》中约定李松承担所

---

① 北京市高级人民法院（2021）京民终940号民事判决书。

有债务，并将夫妻共同财产约定归蓝丽所有，李松每月支付高达2万元的抚养费。马南认为被告的行为侵害了自己的合法债权，故诉至法院，请求撤销李松、蓝丽于2016年10月14日签署的《离婚协议书》中关于李松每月支付2万元抚养费和李松、蓝丽关于财产处理、债务承担问题的书面约定。[①]

李松与蓝丽的《离婚协议书》约定如下："1.孩子离婚后由女方抚养，男方支付抚养费，每月2万元，直至孩子能独立生活。2.财产处理：房屋购买于2016年6月9日，于2016年8月29日办理产权登记，登记在女方名下，离婚后归女方所有。车辆离婚后归女方所有。3.债务问题：如有债务，所欠债务离婚后由男方偿还。"

法院认为，《离婚协议书》的财产分割约定是否属于无偿转让财产，应结合离婚背景、财产来源及性质、财产金额、分配比例、债务承担等因素具体判断。涉案房屋及车辆，系李松与蓝丽在婚姻关系存续期间购买，应为夫妻共同财产。关于财产金额和分配比例，李松对价值500万元左右的房产及车辆全部放弃，并负担包括房贷在内的全部共同债务，应属于无偿转让财产的一种方式。李松作为债务人，在《离婚协议书》中以放弃全部共有财产、承担全部共同债务的方式无偿转让财产，该行为客观上使李松可供偿债的财产数额降低，并导致其无力清偿其所欠马南之债务，法院认定该行为对马南的权益造成损害，应予撤销。

关于《离婚协议书》中的抚养费约定是否应予撤销，法院认为，离婚协议中的抚养费约定原则上不能撤销，数额畸高、对债权危害严重情况下需要结合具体案情进行判断。具体到本案中，结合子女的实际需要、李松的负担能力和当地的实际生活水平，《离婚协议书》约定的抚养费数额偏高，但未达畸高程度；法院对于《离婚协议书》中的财产分割约定予以撤销，债权人马南的权益已得到一定程度的保障。因此，对《离婚协议书》的抚养费约定不予撤销。

---

① 北京市第二中级人民法院（2021）京02民终5506号债权人纠纷案。

第二，债务人以明显不合理的低价转让财产，且债务人的配偶知道该情形。根据法律规定，对于债务人以明显不合理低价转让财产的情形，需要满足"受让人知道或者应当知道"的条件。实践中，通过该情形主张撤销权的案例较少，通常主张无偿转让的较多。

3. 债务人诈害行为影响债权人债权的实现，如果离婚协议转移财产，但不影响债权人债权实现的，对于债权人的撤销权不予支持

在郭某向债权人借款转账的事实发生后，郭某与张某在《离婚协议书》中约定婚姻关系存续期间取得的八套夫妻共同财产房屋中的七套归张某所有，仅一套归郭某所有。债权人对郭某享有的债权经法院强制执行后，由于郭某无财产可供执行，导致债权人的债权未获全部清偿，因此起诉请求撤销《离婚协议书》中关于"位于北京市朝阳区某楼房归女方所有"的约定。①

对于本案中郭某与张某之间签订的《离婚协议书》中有关房产的处置行为是否对债权人之债权造成损害，二审法院认为，债权人撤销之诉中，债务人是否属"无资力"是重要的判定标准。如债务人财力雄厚，即使实施了无偿处分财产、使其财产减少的行为，但仍具备相当的偿债能力，则债权人不应当对债务人管理财产的自由和经营自由加以干涉。本案中，依据另案生效判决，郭某对案外人享有本金数千万元的债权。离婚时，郭某未放弃上述债权。郭某之财产未曾陷入"无资力"之状态，其财产金额自始远大于其所欠债权人的债务金额。因此，二审法院对于债权人请求撤销离婚中财产分配条款的诉请并未支持。

此外，撤销权需要自债权人知道或者应当知道撤销事由之日起一年内行使。自债务人的行为发生之日起五年内没有行使撤销权的，该撤销权消灭。而对于行使撤销权的除斥期间的时间起始点，有不同的观点。一种观点认为

---

① 北京市第三中级人民法院（2021）京03民终11430号民事判决书。

应当以债权人知道离婚协议财产分割条款具体内容的时间为起始时间，另一种观点认为应从法院送达终结本次执行程序裁定的时间起算，因为这时候才能确认债权无法得到实现，无偿转让行为侵害了债权人的债权。

综上所述，对于离婚协议中的财产分割条款，夫妻双方可以协商处理，但是在涉及一方有负债的情况下，负债一方即使自愿放弃分割共同财产，也需要以不影响其个人偿债能力为前提，否则债权人可以请求人民法院撤销债务人的行为。

法条链接

《中华人民共和国民法典》

第五百三十八条 债务人以放弃其债权、放弃债权担保、无偿转让财产等方式无偿处分财产权益，或者恶意延长其到期债权的履行期限，影响债权人的债权实现的，债权人可以请求人民法院撤销债务人的行为。

第五百三十九条 债务人以明显不合理的低价转让财产、以明显不合理的高价受让他人财产或者为他人的债务提供担保，影响债权人的债权实现，债务人的相对人知道或者应当知道该情形的，债权人可以请求人民法院撤销债务人的行为。

第五百四十条 撤销权的行使范围以债权人的债权为限。债权人行使撤销权的必要费用，由债务人负担。

第五百四十一条 撤销权自债权人知道或者应当知道撤销事由之日起一年内行使。自债务人的行为发生之日起五年内没有行使撤销权的，该撤销权消灭。

第五百四十二条 债务人影响债权人的债权实现的行为被撤销的，自始没有法律约束力。

第三节　约定了抚养费，对方不给怎么执行

关于抚养费的约定，有两种不同的依据，一种是夫妻双方通过在民政局达成离婚协议，离婚协议中对抚养费标准进行约定。另一种是夫妻双方在法院通过审判程序，拿到了调解书或判决书，其中有关于抚养费的标准。这两种不同的离婚途径，在面对对方不支付抚养费的时候，处理方法是不同的。

一、夫妻双方在民政局协议离婚的

民政局的离婚协议不属于法律文书的一种，不能直接作为强制执行的依据。因此，如果对方不按照约定支付抚养费你需要去法院起诉，如果双方之间仅仅涉及抚养费争议，则案由为抚养费纠纷。

对于对方已经拖欠的抚养费，你可以请求法院判决对方立即支付已经产生的抚养费；对于未来发生的抚养费，你可以请求法院按照离婚协议确定的标准，要求被告按时支付。

二、夫妻双方通过法院离婚的

人民法院出具的民事判决书、调解书具备强制执行效力，待判决书或调解书生效，判决书或调解书确认的抚养费支付已到期，你就可以向法院申请强制执行。

三、申请强制执行的程序

申请强制执行要去法院的立案庭，立一个强制执行案件，你需要准备一份强制执行申请书，双方的身份证复印件、法律文书和生效证明，如果你有对方的银行卡账号、房屋坐落、工作单位等财产线索的，可以制作一张财产线索清单提交法院。立案通过后，案件会流转到法院的执行庭，执行法官会联系被告支付抚养费，如果被告不配合履行，法院会主动调查被告的财产情

况并强制扣划。

四、注意事项

1.申请频率

想要申请强制执行抚养费，只能申请已经到期的抚养费，对于未来产生的抚养费，需要等实际发生了，才能要求对方给付。通常来说，抚养费一次性支付的较为少见，多数为一月一付，在对方不配合的情况下，你可以每六个月到法院申请强制执行一次，由法院执行这六个月已经到期的抚养费，比每月去申请一次强制执行更节省时间。

2.如何迫使对方主动支付抚养费

第一，你可以通过主张迟延履行利息，促使对方主动履行。如果被告未在本判决指定的期间履行给付金钱义务，可以依据《民事诉讼法》第二百六十条之规定，要求对方加倍支付迟延履行期间的债务利息，让对方主动履行才能付出更小的代价。

第二，如对方有稳定工作，你可以向法院申请，向其工作单位发出协助执行通知书，每月扣留、提取其相应收入，由单位直接转账至法院，保证抚养费的稳定支付。

第三，如果对方有能力支付却拒绝支付，你可以向法院申请对其予以信用惩戒，对其进行限制消费或列入失信被执行人名单。

法条链接

《中华人民共和国民事诉讼法》

第二百五十条　被执行人未按执行通知履行法律文书确定的义务，人民法院有权扣留、提取被执行人应当履行义务部分的收入。但应当保留被执行人及其所扶养家属的生活必需费用。

人民法院扣留、提取收入时，应当作出裁定，并发出协助执行通知书，被执行人所在单位、银行、信用合作社和其他有储蓄业务的单位必须办理。

第二百六十条 被执行人未按判决、裁定和其他法律文书指定的期间履行给付金钱义务的，应当加倍支付迟延履行期间的债务利息。被执行人未按判决、裁定和其他法律文书指定的期间履行其他义务的，应当支付迟延履行金。

第四节　假离婚风险知多少

出于购房优惠措施、降低税费、规避债权人的执行等目的，不少夫妻会办理"假离婚"，有些人离婚不离家，有些人在办理完购房手续后，会尽快办理复婚。但法律上并没有假离婚这一说法，一旦办理了离婚登记，就构成了真正的离婚。

一、假离婚面临的五大法律风险

第一，对方不同意复婚的话，法律不能强制对方复婚。即使你能拿出对方之前同意复婚的承诺，也不可能复婚了。因为婚姻是一种身份关系，没办法强制履行。

第二，推翻对自己不利的离婚协议，难度比想象中要大。即使你能提供离婚后两人继续住在一起的证据，为了贷款或者为了买房资格而假离婚的聊天记录，重新分配财产的难度也很大。因为从法律的角度来看，离婚就是真离婚，为了买房、贷款之类的原因离婚，也不是国家鼓励的行为。在婚姻登记机关签署的离婚协议本身就具有严肃性，不允许任意推翻。

在北上广近三年公开的假离婚判例里，在67份判决书里有60份判决法院都不支持重新分配方案，也就是说，配合对方假离婚的一方，最后只能自认倒霉。

第三，假离婚期间，如果对方出轨，你也不能主张离婚损害赔偿，对方也不会被认为是过错方从而少分财产。

第四，假离婚期间，对方获得的财产是他的个人财产，与你无关。

第五，你们会丧失彼此的继承权。

二、遭遇假离婚，应该怎么办？

如果已经办理了离婚手续，你们之前商量了复婚，但是对方不配合复婚，离婚协议又约定了财产都归对方，这时候应该怎么办？

是否同意复婚属于对方的结婚自由，我国法律规定实行婚姻自由，婚姻自由包括结婚自由和离婚自由。即便对方承诺了复婚又反悔，你也无法要求对方复婚。但是对于财产约定，《最高人民法院关于适用〈中华人民共和国民法典〉婚姻家庭编的解释（一）》第七十条规定，夫妻双方协议离婚后就财产分割问题反悔，请求撤销财产分割协议的，人民法院应当受理。人民法院审理后，未发现订立财产分割协议时存在欺诈、胁迫等情形的，应当依法驳回当事人的诉讼请求。因此，你需要看下，有没有对方欺诈或者胁迫你签署协议的证据。如果有证据，可以起诉请求撤销离婚协议。

关于胁迫，《最高人民法院关于适用〈中华人民共和国民法典〉总则编若干问题的解释》第二十二条规定，以给自然人及其近亲属等的人身权利、财产权利以及其他合法权益造成损害或者以给法人、非法人组织的名誉、荣誉、财产权益等造成损害为要挟，迫使其基于恐惧心理作出意思表示的，人民法院可以认定为民法典第一百五十条规定的胁迫。胁迫在实践中较为难举证。

关于欺诈，根据《最高人民法院关于适用〈中华人民共和国民法典〉总则编若干问题的解释》第二十一条规定，故意告知虚假情况，或者负有告知义务的人故意隐瞒真实情况，致使当事人基于错误认识作出意思表示的，人民法院可以认定为民法典第一百四十八条、第一百四十九条规定的欺诈。实践中，签订离婚协议时隐瞒自身违背忠实义务的事实，误导对方放弃自身合法财产权益，有可能会被认定为欺诈。而如果是两人共同商量假离婚买房，两人对办理离婚手续、后续买房心知肚明，则不构成法律上的欺诈。

另外，你需要在知道或应当知道自己被欺诈或胁迫行为终止之日起一年内行使撤销权。错过这个时间，再起诉也没用了，因为法律不保护在权利上沉睡的人。

2017年7月，杨柳与李刚通过婚姻介绍所相识，二人办理了结婚登记，婚后无婚生子女。2019年3月18日，杨柳与李刚办理离婚登记，双方一致同意达成了《离婚协议书》，其中约定："财产分割：离婚登记中约定房产及车辆均归女方所有。"而该房产为男方的婚前个人财产，婚后变更登记为按份共有，男方占10%、女方占90%。在离婚协议书中，男方放弃了10%的产权。[①]

诉讼中，男方提供以下证据证明自己是受欺诈而离婚。证据一，聊天记录，证实双方的离婚协议并不是双方的真实意思表示，也就是假离婚，聊天内容中能够证实双方在离婚后依然以老公、老婆称呼，有金钱往来，并存在实质夫妻生活。证据二，被上诉人与案外人接吻照片3张，结合行车记录仪录音内容，共同证实被上诉人在婚姻关系存续期间一直与案外人保持不正当男女关系，能够证实被上诉人对婚姻不忠，其行为违反了《民法典》中关于婚姻关系忠诚义务及第八条公序良俗的规定。证据三，涉案车辆的行车记录仪视频两份及文字翻译。

法院认为，根据李刚提交的双方微信聊天记录显示，双方于签订离婚协议之后仍继续以"老公""老婆"相称且以夫妻名义共同生活。另，结合李刚提交的行车记录仪录音证据可以证实，在签订离婚协议时，杨柳对李刚存在欺诈的情形，在李刚误认为双方是"假离婚"的情况下，离婚协议中关于财产分割的内容系李刚为缓和双方关系，向杨柳表达诚意及真心而达成的，并非李刚真实意思表示。故，李刚反诉主张撤销离婚协议中关于财产分割的内容，本院应予支持。

这个案例中，由于一方隐瞒了自身违背忠实义务的事实，误导对方放弃自身合法财产权益，并且对方举证非常充分，才成功撤销了这份离婚协议。对于某些人来说，办理"假离婚"只是出于规避税费等原因，并不构成法律上的欺诈，从而无法撤销离婚协议。

作为完全民事行为能力人，双方也应对自己签字确认的协议内容负责。要想避免这些风险的源头，还是要记住，法律上没有假离婚，任何时候都不要签订任何对自己极为不公平的协议。

---

① 河北省廊坊市中级人民法院（2021）冀10民终4356号民事判决书。

第九章　远离家庭暴力

一、什么是家庭暴力？

根据《反家庭暴力法》第二条规定，家庭暴力，是指家庭成员之间以殴打、捆绑、残害、限制人身自由以及经常性谩骂、恐吓等方式实施的身体、精神等侵害行为。

二、遭遇家庭暴力如何固定证据？

由于家庭暴力具有隐蔽性、复杂性等特点，当事人被打之后，由于夫妻关系，容易心软，没有取证的意识，因此导致家庭暴力的认定工作较难进行。

遭遇家庭暴力，最有效的方式是及时报警。在警察局做好笔录，并进行伤情鉴定。公安机关的出警记录、告诫书、伤情鉴定意见等，都可以在法院审理案件时作为认定家庭暴力事实的证据。

如果不想升级到报警的程度，也可以由对方写下承认家庭暴力并保证不再犯的悔过书，也能证明对方曾经有过家庭暴力行为。

三、如何申请人身安全保护令？

部分案件中，家庭成员中一方会通过不定时发送大量短信辱骂、揭露隐私及暴力恐吓等形式进行语言威胁，并对对方及其家人进行人身威胁。这时候，被施暴一方可以向法院申请人身安全保护令，以保护自己和家人的人身安全。

1. 申请部门

人身安全保护令可以向你的居住地、施暴方居住地、家庭暴力发生地的基层人民法院申请，并且由人民法院执行，公安机关以及居民委员会、村民委员会等其他部门予以协助。

2. 申请条件

根据《反家庭暴力法》第二十七条的规定："作出人身安全保护令，应当具备下列条件：（一）有明确的被申请人；（二）有具体的请求；（三）有遭受家庭暴力或者面临家庭暴力现实危险的情形。"

3. 人身安全保护令有哪些保护措施

根据《反家庭暴力法》第二十九条的规定："人身安全保护令可以包括下列措施：（一）禁止被申请人实施家庭暴力；（二）禁止被申请人骚扰、跟踪、接触申请人及其相关近亲属；（三）责令被申请人迁出申请人住所；（四）保护申请人人身安全的其他措施。"

4. 哪些主体可以提出申请

根据《反家庭暴力法》第二十三条的规定，被家庭暴力的当事人本人可以申请人身安全保护令。如果是未成年人被家庭暴力，或者成年人因受到强制、威吓等原因无法申请人身安全保护令的，其近亲属、公安机关、妇女联合会、居民委员会、村民委员会、救助管理机构可以代为申请。

此外，同居恋人共同生活，一方遭遇暴力行为的，也可以申请人身安全保护令。

不管是针对未成年人的家庭暴力行为，还是针对自身的家庭暴力行为，大家一定不要抱有侥幸心理。第一次发现对方有暴力行为时，就需要通过法律手段对对方予以惩戒，避免对方之后的暴力行为再次发生。

致离婚的你的一封信

在商事诉讼中，当事人双方情感波动很少，更多的是对于损失和收益的理性计算。在离婚诉讼中，经济利益只是其中的一部分，而感情上的是非对错让人更难释怀，不少人甚至会在开庭中控制不住自己的情绪，泪洒法庭。

我曾经遇到一个商业精英，平时意气风发，事业有成，但是面对爱人提起的离婚请求，他对律师的要求居然是不用去争取任何财产上的利益，而是只需陪伴他熬过开庭艰难的时间，因为他担心自己一个人在开庭时无法说出一句完整的话。可见无论男女，对于非主动提出离婚的一方来说，离婚不仅意味着财产的分割，还会带来生活秩序的打乱和心理上重建的过程。

生活秩序的打乱，包括有一方要搬出现在的住所，另外寻找住处，由两个家庭共同抚养孩子变成一方抚养孩子。由于女性在离婚时通常会争取孩子的抚养权，因此生活秩序的重建对女性来说会更加困难，它意味着女性一方面需要工作，另一方面还需要能够照顾年幼的孩子。心理上的重建，需要从刚刚离婚时的自我否定逐渐平复到对自我进行正常的评价。

怎样才能快速从离婚的伤痛中走出来呢？通过处理多起离婚案件积累的经验，我发现在离婚谈判和诉讼期间通过以下几点可以降低离婚对生活的影响。

第一，提前规划好离婚后工作和家庭如何衔接。如果离婚后你独立抚养孩子，需要更换一个能兼顾照顾孩子的工作岗位，或者需要重新寻找工作，建议你在离婚前调整好工作岗位，避免一次性应对太多变化。例如，离婚后需要自己的父母或者保姆接送孩子上学放学，也需要提前进行计划。

第二，从积极的视角看待离婚。离婚只是代表一段感情走到了终点，能够有勇气结束不合适的婚姻，说明非常勇敢。

第三，相对客观地看待双方的问题。你需要从这段婚姻的结束中及时复盘，总结出经验教训，以便更好地经营下一段关系，而不是带着仇恨一直生活下去。

第六篇

再婚如何追求幸福

第一章　再婚前需要核实哪些信息

　　网上有一些婚前攻略，让双方在结婚前交换体检报告、征信报告等，以示诚意。但在实际生活中，能接受这些做法的人并不多。如果你准备再婚，在对方也是再婚的情况下，我总结了一些你必须知情的信息，方便判断眼前这个人是否靠谱。

一、了解对方离婚的真实原因

　　准备再次走入婚姻，大家都会询问对方，上一段婚姻为什么结束。但是对方和你说的情况是否和实际情况一致，你是很难核对真伪的。在这种情况下，建议你一定要看对方的离婚协议或离婚调解书/判决书。通常民政局的离婚协议，不会写明离婚的原因，但是法院的调解书/判决书，会对离婚原因有详细表述。在离婚诉讼中，双方都会进行陈述，而不是只有一方的一面之词，将有助于你更全面地判断真实情况。

二、了解对方上次离婚的财产分配情况及债权债务情况

　　对大部分普通人来说，离婚一次，财产会大幅度缩水，因此建议你通过文书了解对方离婚的财产分割情况。比如，离婚后房产归谁？是否需要给对方购房补偿款？每月抚养费是多少？是否还有夫妻共同债权或债务？这些情况有助于帮你判断对方是否具备对下一段婚姻负责任的能力。

三、了解对方的债务及履行情况

　　结婚前，你对对方的债务情况务必核实清楚。由于涉及隐私，法院通常不会公开相关文书，但是你可以通过其他公开渠道进行查询。比如，我给大

家推荐两个网站，一个是中国裁判文书网，网址是https：//wenshu.court.gov.cn/，在这个网站输入对方的名字就可以查询对方涉及的公开的案件。第二个是中国执行信息公开网，网址是http：//zxgk.court.gov.cn/zhixing/。在这个网站输入对方的名字和身份证号，就会知道对方有没有欠款不还的案件，有没有被法院列为失信被执行人。

有一位客户在结婚前咨询我，说对方欠了一些钱，已经上了法院的失信人名单，这时候自己能不能结婚。我的答复是："首先，检索法院判决书，看对方是什么原因欠款，对方描述欠款的原因和你搜索到的是否一致。其次，确认对方的履行情况。如果对方声称已经还款了，你需要看下对方还款的凭证，并且在中国执行信息公开网进行验证。最后，如果对方还没还清欠款，鉴于夫妻关系的特殊性，如果你在婚后进行了共同还款，或者对方欠的钱用于家庭共同生活，这笔欠款都会被认定为夫妻共同债务，需要你们两人共同偿还。因此，需要慎重考虑再决定是否结婚。"

第二章　再婚前如何规划、保护
个人财产

再次步入婚姻，很多人都想知道在什么情况下需要对个人财产进行提前规划。通常情况下，如果再婚时两个人都没有孩子，也没有房贷需要支付，如果担心签署财产协议影响感情，可以不签。

但如果一方或双方需要支付抚养费，或者有房贷需要偿还，而且担心万一离婚导致财产分割的麻烦，还是签署婚前财产协议为好，对于婚前个人财产、婚后夫妻共同财产的归属进行约定。

你可能会问，如果不签署婚前/婚内财产协议，对自己会有什么不利影响？

一方面，如果你在再婚前积累了不少资产，通过协议约定可以有效避免因为再婚导致的婚前财产和婚后财产发生混同，可以通过约定实现双方认为公平合理的分配方式。

另一方面，再次走入婚姻，如果一方背负了较多抚养费和房贷，而另一方不存在这类开支，那么通过财产协议约定可以有效避免对另一方不公平的情况。

那么，怎样才能做好再婚的财产规划呢？

第一，最推荐的方式还是签署婚前/婚内财产协议。财产协议建议由专业人士把关，做公证与否不影响协议的效力。只有在一种情况下，我建议你一定要做公证，即对方把房产或其他财产赠与你，但是短期内无法办理变更登记手续，这种情况下做公证可以避免对方任意撤销赠与。

　　第二，如果双方就签署财产协议与否无法达成一致，你可以做的就是在固定婚前财产相关证据的同时，将婚前财产和婚后财产进行隔离，避免产生混同，无法区分。婚前财产隔离可以参考前文关于婚前财产规划的建议。

第三章 继父母和继子女之间的法律关系

继父母子女关系是由于父亲或母亲一方再婚而形成的姻亲关系，也就是至少一方再婚前和前夫或前妻育有子女。现在再婚家庭很常见，关于继父母和继子女之间的法律关系，大家也有很多疑问，如继父母是否需要支出继子女的抚养费？继子女是否有权继承继父母的遗产？本文将讨论几个大家比较关心的法律问题。

一、再婚婚姻持续期间，继父母是否有义务抚养继子女？

继父或继母如果和继子女之间形成了扶养教育关系，则双方的权利义务关系适用《民法典》关于父母子女关系的规定。也就是说，形成扶养教育关系的，继父母在婚姻关系存续期间有义务扶养继子女。而这种关系并不免除生父母与子女之间的抚养义务，继子女和生父或生母之间的关系依然存在，继子女具有双重法律地位，因此同样需要承担双重义务。继父母如果和继子女之间没有形成扶养关系的，则没有义务扶养继子女。那么，怎么判断是否形成扶养关系呢？《北京市高级人民法院关于审理继承纠纷案件若干疑难问题的解答》第十五条规定："……人民法院在判断是否存在扶养关系时，应依扶养时间的长期性、经济与精神扶养的客观存在、家庭身份的融合性等因素综合进行判断，必要时应依职权进行调查。"

最高人民法院民事审判第一庭在《最高人民法院民法典婚姻家庭编司法解释（一）理解与适用》一书中关于如何判断继父母和继子女之间是否形成了扶养教育关系，观点如下：首先，受抚养教育的主体应限于未成年继子女或虽成年但不能独立生活的继子女，如果是已经成年且能独立生活的继子女，则不享有要求父母进行抚养的权利。其次，受抚养教育的方式可以多种多样，一般表现为共同生活，并由继父母对继子女给予生活、教育和医疗方面的照顾和帮助。没有共同生活，但是继父母对继子女进行了持续的、较大数额的经济供养的，也可以认定为对继子女进行了抚养教育。最后，抚养教育行为需要经过一定的期间，应至少具有数年的时间。[①]

因此，判断继父母和继子女是否构成扶养关系主要是从是否共同生活、持续时间、经济扶持、教育照顾等方面考虑。

二、继父母是否有权利要求继子女支付赡养费?

继父母和继子女之间的权利义务是对等的，如果继父母对继子女尽了扶养义务，那么继子女就有义务向其支付赡养费。

如果生父或生母再婚时，继子女已成年并独立生活，则继父母和继子女之间未形成扶养关系，也不发生继承关系。如果生父或生母再婚时，继子女未与继父或继母共同生活，未受其扶养教育，也未接受继父母持续的经济供养，继父母和继子女之间未形成扶养关系。

如果生父或生母再婚时，继子女已成年，但是与继父母共同生活，继父母对继子女给予了生活、教育和医疗方面的照顾和帮助的，继父母和继子女之间形成扶养关系，继父母有权利要求继子女支付赡养费。

三、继子女是否有权继承继父母的遗产?

继子女继承继父母遗产的前提是双方形成扶养关系。如果继父母和继子女之间形成了扶养关系，则继子女可以作为第一顺位继承人继承遗产。如果未形成扶养关系，则无权继承被继承人遗产。是否形成扶养关系的判断准则，和上文一致。

---

① 最高人民法院民事审判第一庭编著：《最高人民法院民法典婚姻家庭编司法解释（一）理解与适用》，人民法院出版社，第474—475页。

四、继父母收养继子女后，关系有什么变化？

继父或继母经继子女的生父母同意，可以收养继子女。如果继父母收养继子女，则该子女与不直接抚养自己的生父或生母之间的权利义务消灭，养父母与养子女间的权利义务关系不因养父母离婚而解除。形成收养关系的，如果继父母离婚，非生母或生父一方依然需要支付抚养费，但如果继父母子女之间没有收养关系，则非生母或生父一方无须支付抚养费。

五、生父与继母离婚或生母与继父离婚时，继父或继母是否有义务继续扶养？

最高人民法院民事审判第一庭在《最高人民法院民法典婚姻家庭编司法解释（一）理解与适用》中认为，生父与继母离婚或生母与继父离婚时，对曾受其抚养教育的继子女，继父或继母不同意继续抚养的，仍应由生父或生母抚养。如果生父母死亡，继子女未成年，继父母并非继子女当然法定监护人。如果祖父母、外祖父母在世，应由祖父母、外祖父母作为监护人。如果生父或生母死亡，在形成抚养教育关系的未成年子女无其他抚养人的情况下，则一般不允许解除继父母子女关系。

法条链接

《中华人民共和国民法典》

第一千零七十二条　继父母与继子女间，不得虐待或者歧视。

继父或者继母和受其抚养教育的继子女间的权利义务关系，适用本法关于父母子女关系的规定。

第一千一百零三条　继父或者继母经继子女的生父母同意，可以收养继子女，并可以不受本法第一千零九十三条第三项、第一千零九十四条第三项、第一千零九十八条和第一千一百条第一款规定的限制。

第一千一百二十七条　遗产按照下列顺序继承：

（一）第一顺序：配偶、子女、父母；

（二）第二顺序：兄弟姐妹、祖父母、外祖父母。

继承开始后，由第一顺序继承人继承，第二顺序继承人不继承；没有第一顺序继承人继承的，由第二顺序继承人继承。

本编所称子女，包括婚生子女、非婚生子女、养子女和有扶养关系的继子女。

本编所称父母，包括生父母、养父母和有扶养关系的继父母。

本编所称兄弟姐妹，包括同父母的兄弟姐妹、同父异母或者同母异父的兄弟姐妹、养兄弟姐妹、有扶养关系的继兄弟姐妹。

《最高人民法院关于适用〈中华人民共和国民法典〉婚姻家庭编的解释（一）》

第五十四条　生父与继母离婚或者生母与继父离婚时，对曾受其抚养教育的继子女，继父或者继母不同意继续抚养的，仍应由生父或者生母抚养。

《最高人民法院关于适用〈中华人民共和国民法典〉继承编的解释（一）》

第十一条　继子女继承了继父母遗产的，不影响其继承生父母的遗产。

继父母继承了继子女遗产的，不影响其继承生子女的遗产。

第十五条　被继承人的养子女、已形成扶养关系的继子女的生子女可以代位继承；被继承人亲生子女的养子女可以代位继承；被继承人养子女的养子女可以代位继承；与被继承人已形成扶养关系的继子女的养子女也可以代位继承。

《北京市高级人民法院关于审理继承纠纷案件若干疑难问题的解答》

15.如何认定继父母子女间具备法定继承人身份？

继父母子女间是否具有法定继承人资格，以是否存在扶养关系为判断标准。人民法院在判断是否存在扶养关系时，应依扶养时间的长期性、经济与精神扶养的客观存在、家庭身份的融合性等因素综合进行判断，必要时应依职权进行调查。

第四章　复婚之后，双方之前的 离婚协议还有效吗

当前，离婚之后复婚的夫妻数量也不少。不管第一次离婚时，双方是出于感情不和，还是出于其他原因，如果是在民政局办理的离婚手续，都必须签署离婚协议，对财产作出分配。当两人复婚后，之前的离婚协议还有效吗？复婚之前的财产属于共同财产还是一方个人财产呢？

一、复婚后，第一份离婚协议是否有效？

不管双方离婚后是否复婚、多久复婚，在婚姻登记机关签署的离婚协议均具有严肃性，不允许任意推翻。

林强与李敏于2009年10月登记离婚，当时的离婚协议约定，婚姻关系存续期间购买的一套房屋归林强所有。次日，林强、李敏又登记复婚。2017年两人再次登记离婚，离婚协议约定，该房产归女儿林某所有。2018年，涉案房屋所属地段待拆迁。因对有关事宜林强、李敏及其婚生女不能协商一致，林强提起诉讼。

一审法院认为，该房产在林强、李敏婚姻关系存续期间应属双方夫妻共同财产，虽离婚协议约定归林强所有，但次日双方又办理复婚手续，该离婚协议实际未生效。

二审法院对此予以改判。一审法院认定两人登记离婚约定涉案房产归林强所有，但次日双方又办理复婚手续，该离婚协议实际未生效的认定不当，二审法院予以纠正。

也就是说，离婚协议并不会因为快速复婚影响协议效力。

二、双方能否在第二次离婚时对财产进行重新约定?

原、被告原系夫妻关系，2019年7月15日第一次协议离婚，当时离婚协议书约定，车辆归男方所有。后双方复婚。同年9月9日，双方再次协议离婚，离婚协议书约定，汽车归女方所有，男方需协助女方办理车辆过户手续。[①]

法院认为，从上述过程来看，从一开始的车辆归男方，到后一次离婚协议时车辆归女方，恰恰说明了被告对车辆归属的变更予以了思考、作出了决定，并通过协议的形式进行了外在性具有法律效力的意思表示，该意思表示到达了原告，具备了法律约束力。被告是具备完全民事行为能力的自然人，意思表示的内容不违反法律和行政法规的强制性规定。被告有责任按照约定履行车辆过户的义务。被告辩称原告通过离婚、复婚的方式诈骗被告的财产，原告存在婚内出轨行为，均无充分证据证实。

第一份离婚协议中的财产约定依然有效，在未协商一致的情况下，第二次离婚时不能对第一份离婚协议中确定属于个人的财产进行分割。本案中，第二次离婚对于车辆归属进行了重新约定，也是基于双方再次签署了离婚协议，并自愿对车辆权属进行重新约定。

三、离婚后至复婚前财产性质

原则上来说，离婚后至复婚前，离婚协议约定属于一方的财产，属于再婚前的一方婚前个人财产，不会因为重新缔结婚姻关系而转化为夫妻共同财产。因婚姻关系的解除，各自独立生活期间的财产除有另行约定外，各自的收入及支出由各自享有和承担。但在特殊情况下，双方离婚期间的财产也可能被认定为共同共有。

---

① 江苏省盐城市经济技术开发区人民法院（2020）苏0991民初2660号一审民事判决书。

蓝某与李某自2016年8月离婚至2017年4月复婚期间，并未各自独立生活或支配财产，而实际仍以夫妻名义共同居住生活在一起。其间，双方以夫妻名义共同外出旅游、以家庭成员名义建立微信群、相互发生多笔转款、各自以自己名义支配家庭生活开支、各自多笔的对外收入、投资股权等。例如，蓝某在双方第一次离婚期间至复婚期间，共计向李某转账86万余元；蓝某通过案外人将收取的其他房屋租金向李某转账共计164万余元；李某在第一次离婚期间向蓝某转款12万元，李某代蓝某支付离婚协议约定的房屋按揭贷款26万元，其间还有各自支出的家庭生活开支、投资等。[①]

法院认为，由于双方对以上支配款项的性质均未进行明确约定，相互支付的款项、各自的收入、以各自名义对外的支出、对外投资等与双方共同生活开支及收入产生高度混同。同时，双方在离婚后约8个月即复婚的事实亦可印证，虽然双方协议离婚，但因双方均有复婚的意愿且实际仍以夫妻名义同居生活，并未按离婚后的关系区分各自财产，同居期间仍然按照夫妻关系混同支配财产，故应当认定自2016年8月离婚至2017年4月复婚期间发生的财产关系具有共同共有的性质，发生的相互转款、各自收入及支出款项、对外投资等，除另有约定外均应按共同共有性质予以认定。

四、如离婚系"假离婚"，离婚协议是否有效？

如离婚是"假离婚"，离婚协议签署的条款对其中一方不利，该方是否可以主张原离婚协议无效/可撤销？

根据《最高人民法院关于适用〈中华人民共和国民法典〉婚姻家庭编的解释（一）》第七十条规定，夫妻双方协议离婚后就财产分割问题反悔，请求撤销财产分割协议的，人民法院应当受理。人民法院审理后，未发现订立财产分割协议时存在欺诈、胁迫等情形的，应当依法驳回当事人的诉讼请求。

---

① 四川省成都市中级人民法院（2021）川01民终391号二审民事判决书。

也就是说，对于在民政局协议离婚的夫妻，如果在离婚后无法证明签署协议是基于被欺诈、胁迫等原因，离婚协议的财产分割条款是无法撤销的。

基于"假离婚"主张离婚协议无效，实践中支持的案例也较少。在北京、上海、广东近3年公开的相关判例中，80%以上的案件法院都认定即便出于"假离婚"的目的，离婚协议依然有效。

王田与李鸣于2012年登记结婚，于2016年12月登记离婚。双方签订的《离婚协议书》中约定：夫妻共同拥有两套房产。1号房屋价值400万元，现协商该房屋归李鸣所有，由李鸣一次性给付王田150万元，此款在本协议签订后两年内付清。2号房屋，合同价125万元，现协商该房屋归王田所有，等拿到产权证便将该房屋产权变更到王田名下。①

2017年8月，王田与李鸣复婚。2018年5月30日，双方签订《离婚协议书》并办理第二次离婚登记手续，约定：双方婚后无共同财产。2018年6月1日，王田与李鸣再次复婚，至今仍系夫妻关系。

王田向一审法院起诉请求：要求李鸣按2016年12月离婚协议的约定向王田支付150万元；要求李鸣将2号房屋转移登记至王田名下。

李鸣则主张，双方于2016年12月签订的《离婚协议书》并非双方的真实意思表示，双方系为了获得优先申购共有产权住房的资格而假离婚，属于以合法形式掩盖非法目的，离婚前后双方关系密切，感情深厚，互动频繁，离婚后生活并无变化，双方一直一起共同生活且离婚后怀孕生子，双方亲属关系也很密切。

法院认为，离婚协议中关于财产分割的条款或者当事人因离婚就财产分割达成的协议，对男女双方具有法律约束力。本案中，李鸣、王田于2016年12月签订的《离婚协议书》系双方自愿签订，现李鸣上诉提出该协议不是其本意，只是双方为了申请政策性房屋而办理"假离婚"签订的。对此，本

---

① 北京市第三中级人民法院（2020）京03民终12387号二审民事判决书。

院认为，并不存在所谓的"假离婚"一说，在客观上，不论双方出于何种目的，只要男女双方在婚姻登记机关办理离婚手续，双方即实际解除了婚姻关系，自解除婚姻关系之日起，该离婚协议即已生效，双方均应按照《离婚协议书》履行，且协议内容未违反法律规定，不具有合同无效的情形。一审法院根据《离婚协议书》判决的金钱给付及房屋产权归属处理并无不当，本院予以维持。

通常来说，离婚协议是包含了人身关系、财产关系、抚养在内的一揽子协议，财产分配仅仅是其中一部分。如果没有证据证明离婚协议系因为被欺诈、胁迫等原因而签订，即便这份离婚协议看起来从财产分配上来说对一方不利，也很难推翻。

因此，离婚协议中对自己不利的条款不能轻易签署，否则即使双方复婚，第一份离婚协议对于财产的分割约定也已经生效，难以推翻。

法条链接

《中华人民共和国民法典》

第一百四十六条 行为人与相对人以虚假的意思表示实施的民事法律行为无效。

以虚假的意思表示隐藏的民事法律行为的效力，依照有关法律规定处理。

第一百四十八条 一方以欺诈手段，使对方在违背真实意思的情况下实施的民事法律行为，受欺诈方有权请求人民法院或者仲裁机构予以撤销。

第一百五十条 一方或者第三人以胁迫手段，使对方在违背真实意思的情况下实施的民事法律行为，受胁迫方有权请求人民法院或者仲裁机构予以撤销。

第一百五十三条 违反法律、行政法规的强制性规定的民事法律行为无效。但是，该强制性规定不导致该民事法律行为无效的除外。

违背公序良俗的民事法律行为无效。

第一百五十四条 行为人与相对人恶意串通，损害他人合法权益的民事法律行为无效。

《最高人民法院关于适用〈中华人民共和国民法典〉婚姻家庭编的解释（一）》

第七十条 夫妻双方协议离婚后就财产分割问题反悔，请求撤销财产分割协议的，人民法院应当受理。

人民法院审理后，未发现订立财产分割协议时存在欺诈、胁迫等情形的，应当依法驳回当事人的诉讼请求。

结语　什么样的婚姻是幸福的婚姻

作为一位离婚律师，我经常会被未婚的朋友问，什么样的婚姻才是幸福的婚姻？在处理离婚案件时，我也会思考，到底是什么原因，让一对对曾经相爱的恋人最终选择分开。

这些问题本就没有答案。我现在觉得，在婚姻中想要获得很高的满意感，本身就是一件很难的事情。我们在年轻的时候，可能并不知道婚姻意味着什么，在结婚之后，当个体的需求和婚姻关系发生冲突时，我们并没有理想中的样本参考，这就导致我们很容易陷入迷茫。

父母一代的婚姻，更多强调的是责任，他们也不曾面临我们这一代这么多的选择，因此我们想要维系自己的婚姻，必然比父辈更加困难。我们追求自由、个性、自我成长，而婚姻这种形态本身又必然要求个体有一定的牺牲，但几乎每个人都有很多想要的，却不敢或不愿意付出太多。加上女性收入的增长带来男女育儿分工的新问题，每个人只能在这个过程中思考、摸索，什么是自己想要的婚姻，为此自己能付出什么、忍受什么、得到什么。

当所有的选择是我们经过思考后作出的，结果是我们能够承受的，那么不管是选择婚姻还是不婚、是结婚还是离婚，都是一件有助于自我探索的事，我们必将有自己对婚姻的新的答案。

模 板

民事起诉状 ①

（提示：本起诉状仅做参考，不保证诉讼请求已涵盖所有可能性，如您面临的抚养争议较大、财产类型复杂、包含对方隐匿财产等其他情形，建议咨询律师定制起诉状。）

原告：_____，性别_____，年龄_____，民族_____，出生年月日_____，身份证号_____，工作单位和职务_____，住_____，联系方式_____。

被告：_____，性别_____，年龄_____，民族_____，出生年月日_____，身份证号_____，工作单位和职务_____，住_____，联系方式_____。

（提示：地址和电话很关键，务必提供法院能够联系到的被告地址及电话。）

案由： 离婚纠纷

诉讼请求：

（提示：诉讼请求根据实际情况填写，不涉及的请求不需要填写。诉讼请求应当明确具体，不能含糊笼统。）

1. 请求依法判令原、被告离婚；

2. 请求依法判令原、被告之女/子_____由原告/被告抚养，被告/原告每

---

① 参见《中华人民共和国最高人民法院—首页—诉讼文书样式—文书样式》，https://www.court.gov.cn/susongyangshi/xiangqing/181.html，最后访问日期：2023年8月14日。

月向原告/被告支付抚养费人民币_____元直至女儿/儿子年满18周岁；

（提示：以上为双方生育一个孩子的表述。）

请求依法判令原、被告之女_____、之子_____由原告/被告抚养，被告/原告每月向原告/被告支付抚养费人民币_____元直至女儿及儿子分别年满18周岁；

（提示：以上为双方生育两个孩子的表述。）

3. 请求依法分割原、被告婚后共同财产；

（提示：共同财产具体列明，房屋坐落等财产信息要填写准确。例如，依法分割登记于某某名下位于某市某区某地址的房产，价值×××万元。根据《诉讼费用交纳办法》，离婚案件每件交纳诉讼费50元至300元。涉及财产分割，财产总额不超过20万元的，不另行交纳；超过20万元的部分，按照0.5%交纳。以调解方式结案或者适用简易程序审理的案件，减半交纳案件受理费。如果觉得第一次起诉可能无法成功离婚，担心诉讼费损失，可以先概括填写，待立案后根据诉讼情况决定是否增加诉讼请求，以节约诉讼费。）

4. 请求依法判令被告支付原告离婚经济补偿×万元；

（提示：如果你因照顾老人、子女等需要，而将更多的时间、精力投入无偿的家务劳动中，离婚时可以向对方主张经济补偿。补偿的金额法律没有规定，各地判例金额多为1万元至10万元。补偿金额根据两个人共同生活的时间长短、对方的收入，以及当地平均生活水平的不同而不同。）

5. 请求依法判令被告支付原告离婚损害赔偿×万元；

（提示：如果对方有下列情形之一，从而导致离婚的，无过错方可以在离婚时主张离婚损害赔偿请求。夫妻一方有重大过错，是指夫妻一方有重婚，与他人同居，实施家庭暴力，虐待、遗弃家庭成员，有其他重大过错这五种情形。）

6. 请求依法判令夫妻共同债权××元归被告所有，被告支付原告该笔债权的折价款××元；

7.请求依法判令夫妻共同债务××万元由原、被告共同偿还，二人各偿还二分之一；

8.本案诉讼费由被告承担。

事实和理由：

（提示：对于离婚案件，事实与理由部分应侧重于陈述双方恋爱过程、感情基础、婚姻及子女情况、离婚的理由以及呼应诉讼请求。可以按照时间先后顺序简明扼要地陈述。原告应向法院表明对婚姻关系的明确态度及对于离婚后子女抚养、财产处理问题的意见。如果第二次起诉离婚，需要列明第一次起诉及判决不予离婚的时间。）

原、被告于_____年通过朋友介绍认识/相亲认识/自由恋爱，_____年确立恋爱关系，并于_____年_____月_____日登记结婚，_____年_____月_____日生育一子/女_____，双方均系初婚。

原、被告婚后初期感情尚可，因_____原因（具体描述），双方感情出现裂痕，信任基础被破坏。双方因感情不和从_____年_____月开始分居至今。

婚生子_____目前_____岁，一直由原告及原告父母照顾，由原告抚养有利于孩子的身心健康及成长。

综上所述，原告认为原、被告双方感情已经彻底破裂，没有和好的可能和必要。为维护原告的合法权益，依据《民法典》第一千零七十九条规定，原告特向贵院提起诉讼，请依法判决支持原告全部诉讼请求。

此致

××××人民法院

起诉人（签名）

年　　月　　日

附：本起诉状副本2份。

申请书①

申请人：姓名，性别，民族，出生年月日，身份证号××××，住址×
×××。

请求事项：申请法院调查收集以下财产证据。

1.请求贵院向××住房公积金管理中心查询被告（身份证号：××××）
名下××年×月×日至今公积金的缴存明细及余额。

2.请求贵院调查被告名下的银行存款余额、从××年×月×日至今的存
取款交易明细、账户内附带理财产品或基金等其他财产的情况。

开户行：××银行，户名：被告名字，账号：××××。

3.请求贵院调查中国证券登记结算有限责任公司北京分公司或上海分公
司或深圳分公司②登记的被告名下证券持有情况、从××年×月×日至今的
证券变动情况。③

4.请求贵院调查被告从××年×月×日至今在××基金销售有限公司
购买的基金的历史明细及现基金状况。

5.请求贵院调查被告在支付宝（中国）网络技术有限公司的账户余额及
从××年×月×日至今的交易记录明细。

6.请求贵院调查被告（微信账号：×××）在财付通支付科技有限公司的

_____

① 参见《中华人民共和国最高人民法院—首页—诉讼文书样式—文书样式》，https:
//www.court.gov.cn/susongyangshi-xiangqing-76.html，最后访问日期：2023年2月24日。

② 中国证券登记结算责任有限公司有北京、上海、深圳三家分公司，可任选一家查
询。任意一家分公司可办理其他两家分公司登记产品的协助查询业务。见《中国结算北京
分公司协助执法业务指南》《中国结算上海分公司协助执法业务指南》《中国结算深圳分
公司协助执法业务指南》。参见《中国结算—首页—法律规则—协助执法》，http://www.
chinaclear.cn/zdjs/fxzzf/law_flist.shtml，最后访问日期：2023年8月14日。

③ 如明确掌握对方股票账号及证券公司，可直接申请调查证券持有及变动情况。如
果不掌握对方股票账号信息，可由律师持法院调查令、律师证到结算公司查询。

账户资金、理财产品、基金、债券余额及从××年×月×日至今的交易记录明细。

7.请求贵院向××市社会保险基金管理中心调查从××年×月×日[①]至今被告养老保险账户中个人缴费部分及利息。[②]

8.请求贵院向××有限公司调取被告工资账号、××年×月至××年×月薪金组成明细单。

事实与理由：

贵院（××××）……号……（写明当事人和案由）一案……（写明申请人因客观原因不能自行收集，申请法院调查收集证据的理由。）

参考版本：贵院××号××诉××离婚纠纷一案，双方自××年×月×日开始分居，因此应该以××年×月×日作为确定原、被告夫妻财产的时间点。原告提起离婚前，被告已有意转移其名下财产及拒不提供其名下财产数额。被告个人名义财产因属于特定机构保管，申请人无法自行收集。为了查清夫妻共同财产，根据《中华人民共和国民事诉讼法》（2021年修正）第六十七条之规定，申请人特请求法院调查被告个人名下财产证据。

此致

××××人民法院

申请人：

年　月　日

---

① 此处的起始日期为登记结婚之日。

② 《最高人民法院关于适用〈中华人民共和国民法典〉婚姻家庭编的解释（一）》第八十条规定："离婚时夫妻一方尚未退休、不符合领取基本养老金条件，另一方请求按照夫妻共同财产分割基本养老金的，人民法院不予支持；婚后以夫妻共同财产缴纳基本养老保险费，离婚时一方主张将养老金账户中婚姻关系存续期间个人实际缴纳部分及利息作为夫妻共同财产分割的，人民法院应予支持。"

注：

1.以上申请书仅供参考，如法院有具体格式要求，按照法院要求提供申请书。

2.模板仅列举部分被告容易隐匿的财产类型，无法穷尽式列举，对于常见的房产、车辆信息，未予以列举。如被告有其他财产类型（如股票、婚内获得的股票期权等），在原告掌握具体财产信息的情况下可参考上述表述填写提交。

3.以上申请，不代表法院必然同意调取相应财产信息，需要具体案件具体判断。

4.关于银行流水的调取起始时间，法律没有明确规定。实践中，通常可以申请调取一年内的银行流水。但如果有证据证明被告转移财产的时间早于一年，可提供相应证据证明双方感情破裂或者对方转移财产的时间早于一年，请求法院按照原告申请时间调取银行流水，防止对方转移财产。

5.当事人因客观原因不能自行收集的证据包括：（一）证据由国家有关部门保存，当事人和其他诉讼参加人无权查阅调取的；（二）涉及国家秘密、商业秘密或者个人隐私的；（三）当事人和其他诉讼参加人因客观原因不能自行收集的其他证据。

6.如申请法院调查收集证据，应在举证期限届满前提交书面申请。

7.部分证据需由律师持律师证及法院开具的调查令调取，且部分协助部门位于北京、上海、深圳、杭州等地，是否申请调取应根据个案情况具体判断。

图书在版编目（CIP）数据

结婚是为了幸福，离婚也是：民法典下恋爱婚姻财产争议指南 / 史文婷著 . —北京：中国法制出版社，2023.10

ISBN 978-7-5216-3781-6

Ⅰ.①结… Ⅱ.①史… Ⅲ.①婚姻家庭纠纷–中国–指南②家庭财产–财产权益纠纷–中国–指南 Ⅳ.①D923.905-62

中国国家版本馆 CIP 数据核字（2023）第 137939 号

策划编辑：陈晓冉
责任编辑：陈晓冉   封面设计：李宁

结婚是为了幸福，离婚也是：民法典下恋爱婚姻财产争议指南
JIEHUN SHI WEILE XINGFU, LIHUN YE SHI：MINFADIAN XIA LIAN'AI HUNYIN CAICHAN ZHENGYI ZHINAN

著者/史文婷
经销/新华书店
印刷/三河市国英印务有限公司
开本/710 毫米×1000 毫米 16 开   印张/ 17.25 字数/ 145 千
版次/2023 年 10 月第 1 版   2023 年 10 月第 1 次印刷

中国法制出版社出版
书号 ISBN 978-7-5216-3781-6   定价：59.00 元

北京市西城区西便门西里甲 16 号西便门办公区
邮政编码：100053   传真：010-63141600
网址：http://www.zgfzs.com   **编辑部电话：010-63141835**
市场营销部电话：010-63141612   **印务部电话：010-63141606**

（如有印装质量问题，请与本社印务部联系。）